빵글리시

빵 터지게 재밌는 리얼 미국 영어

빵글리시

에릭 심 지음

매일경제신문사

빵글리시로 영어 실력도 빵빵 터뜨려 보세요!

하나, 현지에서 가장 많이 쓰이는 표현만 담았다!

영어 회화를 잘하기 위해서는 현지에서 들을 수 있는, 실제로 원어민이 쓰는 '리얼 표현'을 잘 알아야 합니다. 오래되어서 잘 쓰지 않는 표현, 책이나 사전에는 있지만 실제로 미국인들이 잘 쓰지 않는 표현들은 싣지 않았습니다.

둘, 쉬운 단어로 고급지게 표현하는 비법!

외국인 앞에만 서면 꿀 먹은 벙어리가 되신다고요? 어려운 단어로 이루어진 표현이 아니라 일상생활에 밀접하게 관련된 표현들을 우리가 이미 알고 있는, 쉬운 단어로 소개해 영어 고수가 될 수 있도록 하였습니다.

셋, 유래를 알면 더 재밌어지는 영어 회화!

표현의 유래를 알면 기억하기가 훨씬 쉽습니다. 예를 들어 우리나라 말에 '어처구니가 없네'라는 말이 있죠. 외국인들이 무슨 뜻이냐고 물어본다면 뭐라고 설명해야 할까요?

hit the sack은 '자루를 치다'라는 뜻인데 '잠자리를 청하다'라는 의미입니다. 영어에는 유래를 모르면 뉘앙스를 정확히 알 수 없는 표현들이 많습니다. 유래를 앎으로써 표현력이 높아짐은 물론 회화에서도 한결 자신감을 가질 수 있습니다.

넷, 빵 터지는 삽화로 재밌게 익히는 영어!

영어 공부는 재밌어야 하고 그래야 지속적으로 할 수 있습니다. 빵 터지는 삽화를 곁들여 쉽고 재밌게 영어를 공부할 수 있도록 하였습니다.

다섯, 매일매일 틈틈이 보며 익히는 회화!

영어는 조금씩이라도 매일, 꾸준히 하는 것이 중요합니다. 출근할 때 슬쩍, 점심 먹고 커피 마시면서 슬쩍, 화장실에서 스마트폰 대신 슬쩍, 《빵글리시》를 펼쳐보세요. 짤막한 꼭지들로 구성되어 있기 때문에, 꼭 처음부터가 아니라도 눈길 가는 부분부터 보시면 됩니다.

《빵글리시》가 영어 공부를 재밌게 할 수 있는 본인만의 영어 공부 방법을 찾으시는 데 좋은 가교 역할을 했으면 좋겠습니다. 끝으로 이 책이 나오기까지 도와주신 Cathi Chang, 이정수, 신진미 님께 감사드리고 매경출판 관계자 여러분께 진심으로 감사드립니다.

에릭 심 Eric Shim

CONTENTS

PART 01

토익보다 유용한
비즈니스 말말말!

01 김 과장은 아첨만 하는 꼴불견이야!

brown noser

: 아첨꾼

사내에서 저 친구
brown noser로
유명해!

권력을 가진 사람 옆에는 항상 듣기 좋고 달콤한 말만 하는 아첨꾼들이 몰려있기 마련입니다. 이런 사람들을 비꼬는 영어 표현이 바로 'brown noser'입니다. 말하자면 '갈색코'를 가진 사람이란 뜻인데…. 왜 하필이면 갈색코일까요?

미국에서는 아첨하는 일을 상대의 엉덩이ass에 키스kiss하는 일로 비하해서 표현합니다. 자신에게 이익이 된다면 어떤 모욕적인 일이라도 능히 할 사람이라고 비꼬는 것이죠.

이제 왜 코 색깔이 brown이 되었는지 짐작이 가시죠?

이런 표현은 상당히 부정적인negative 표현이기에 상대방에게 직접 써서는 '절.대.로' 안 됩니다. 정말 가깝고 친한 사람들 사이에서 쓰는 말이란 것도 잊지 마세요! 비슷한 표현인 ass-kisser 역시 아첨꾼이란 뜻으로 쓰는 말이에요.

02 찍히다, 미운털 박히다를 영어로?

be in the doghouse

: 미움을 사다, 곤란한 처지에 처하다

누군가에게 한번 미운털이 박히면 아무리 잘 보이려고 해도 쉽게 마음을 돌리기가 어렵죠. 영어에서 누구한테 **미움을 사다, 누구한테 찍혔다,** 라는 의미로 be in the doghouse(with somebody)라는 표현을 쓸 수 있습니다.

근데 왜 하필 '개집'으로 들어간다는 걸까요? in the dog house의 유래 중 하나는 명작 동화 〈피터팬〉에서 비롯되었다는 말이 있습니다. 피터팬에는 웬디, 마이클, 존 이렇게 세 명의 아이들이 나오죠.

어느 날 아빠가 아기 보는 개 '나나'에게 벌을 주자 아이들이 그 일에 반발하여 집을 나갑니다. 아빠는 반성하는 의미에서 아이들이 돌아올 때까지 개집에서 지내게 됩니다. 여기서 비롯되어 **be in the doghouse**는 오늘날 무언가를 잘못해서 남에게 **미움을 사다, 면목을 잃다, 곤란한 처지에 처하다**는 의미로 쓰이게 되었다고 합니다.

I'm always **in the dog house**.
저는 항상 면목이 없네요.

I'm in the dog house. I broke my wife's favorite vase this morning.
나 아주 곤란한 처지야. 오늘 아침 아내가 좋아하는 꽃병을 깼어.

He **is in the doghouse** with the boss.
그는 상사에게 미움을 사고 있습니다.

부부나 연인 사이에서 많이 쓰이지만 회사에서 상사에서 찍혔거나 미운털이 박혔다고 할 때도 쓸 수 있습니다.

모든 사람과 좋은 관계를 유지한다는 게 쉽지는 않습니다만 우리 모두 **doghouse**에는 들어가지 않도록 노력해요!

hot headed

: 욱하는 성질, 다혈질

이딴 걸 보고서라고 올려? 날 잘리게 할 심상이냐고!!

우리 김정은 과장님은 너무 다혈질이시라우····

어린 시절 성미가 급하고 성질이 불같았던 사람 혹시 있나요?

어렸을 적에 공부하라고 혼이 나면 화를 내며 말대꾸talk back 를 하거나, 반찬투정을 하며 단식hunger strike 등으로 반항했던 경험 한 번씩 있을 겁니다.

특히 직장 상사 중에는 툭하면 화내는 다혈질 성격의 소유자가 참 많습니다.

열정적이고 추진력도 좋지만 자기 맘에 안 들면 툭하면 화를 내니, 밑에서 일하는 사람들은 참 고역이 아닐 수 없습니다.

참을성 없고 쉽게 흥분하고 화를 잘 내는 사람은 **shot, hot, quick** 등의 형용사를 성질, 성미를 뜻하는 **temper**에 붙여 표현하곤 합니다.

hot-headed도 성미가 급하고 다혈질인 사람에게 많이 쓰는 말입니다.

He's **short-tempered**.
He's **hot-tempered**.
He's **quick-tempered**.
그는 성미가 급하고 다혈질**입니다.**

My boss is a bit **hot-headed** and rash.
내 상사는 좀 다혈질에 성미가 급해.

구약성경 잠언Proverbs 22장 24절엔 이런 구절이 있습니다.

"다혈질인 사람이나 쉽게 화내는 자와는 사귀거나 동행하지 말지어다."

서양에도 인내는 미덕, 즉 참는 자에게 복이 있다는 속담이 있습니다.

Patience is a virtue!

이 말을 명심하며 너무 화내지 말고 웃으면서 보내세요!

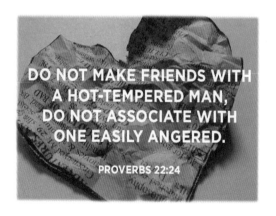

DO NOT MAKE FRIENDS WITH A HOT-TEMPERED MAN, DO NOT ASSOCIATE WITH ONE EASILY ANGERED.

PROVERBS 22:24

04 그만 빈둥거리고 일 좀 해!

goof around

: 빈둥거리다, 시간을 허비하다

자네 하는 짓이 디즈니 Goofy랑 똑같군!

You're always goofing around!

항상 빈둥거리는 게!

빈둥

빈둥

goof의 뜻은 명사로는 바보, 실수, 동사로는 '바보 같은 실수를 하다'라는 뜻입니다.

가장 기억하기 쉬운 방법은 디즈니 애니메이션에 나오는 Goofy를 떠올리시면 되죠. 비쩍 마른 개 Goofy는 항상 바보 같고 우스꽝스러운 행동을 하기 때문에 붙은 이름입니다.

goof around는 goof에 돌아다니는 듯한 느낌의 around를 붙여 '바보 같은 실수를 하며 돌아다니다' 정도로 보면 되는데, 정확한 의미는 **빈둥거리다, 멍청하게 시간을 허비하다**는 뜻으로 쓰는 구어체 표현입니다.

goof off도 goof around와 마찬가지로 쓰는 표현인데 '농땡이 피운다'는 뉘앙스가 더 강합니다.

I was just goofing around during the whole weekend!

주말에 뭐했어?

더운데 뭘 해? TV나 보면서 그냥 집에서 빈둥거리며 쉬었어!

I like to stay at home **goofing around**.

전 집에서 빈둥거리는 걸 **좋아합니다**.

전 집에서 빈둥대면서 노는 걸 굉장히 좋아하는데요.

빈둥거리는 거 싫어할 사람은 없지 않을까 싶은데, 여러분들은 어떤가요?

bite the bullet

: 고통을 참고 견디다, 이를 악물고 억지로 하다

실적이 제일 나쁜 우리 부서 팀장으로서
간부 회의 때마다 나는
bite the bullet 한다고!

꼬각!

헉! 왜 총알을
입에 물고 그러세요!

힘들고 어려운 일을 이겨내려고 할 때 우리는 '이를 악물고 하다'라고 표현합니다.

이에 딱 들어맞는 영어식 표현이 바로 **bite the bullet**입니다. **bite the bullet**을 직역하면 '총알을 물다'가 되는데 이 표현의 유래도 몇 가지가 있습니다.

그 중 하나는 미국의 남북전쟁American Civil War 때로 거슬러 갑니다. 지금 같은 마취제anesthetic가 없었던 시절이었기 때문에 환자들의 입에 쉽게 구할 수 있는 총알bullet을 물렸다고 합니다.

총알은 생각보다 딱딱하지 않아서 통증을 참기 위해 반사적으로 이를 '악' 물면 이가 총알에 약간 들어가게 되어서, 혀를 깨물지 않게 하며 수술할 수 있었다고 해요.

또 다른 설은 **bullet**이 아니라 나무 막대기를 뜻하는 **billet**에서 변형되었다는 것입니다. 그리하여 **bite the bullet**은 힘든 상황을 **이를 악물고 참는다**는 의미와 하기 싫지만 **어쩔 수 없이 해야 할 일을 하다**, 라는 의미를 가지게 되었습니다.

힘들어도 참다bear 보면 좋은 일이 있지 않을까요?

If you don't know how to bite the bullet, you will never get anywhere.
하기 싫은 일을 안 하면 당신은 아무 것도 되지 못할 겁니다.

06 투덜이 스머프처럼 항상 투덜대는 사람

crabby

: 괴팍한, 심술궂은, 쉽게 화내는

28

주변에 보면 무엇을 하든지 투덜대며 짜증내는 사람들이 있지요. 별의 별 이유를 들어 불만을 토로하는 걸 보면 곁에 있는 사람도 힘이 빠지곤 합니다.

grouchy는 불평꾼, 투덜이라는 grouch에서 따온 말로 쉽게 짜증을 내고 불평, 불만이 많으며 성깔을 부리는 퉁명스러운 사람을 표현하는 말입니다.

만화 개구쟁이 스머프를 보면 매일 투덜대는 '투덜이 스머프'의 이름이 바로 Grouchy랍니다.

〈세서미 스트리트〉에 나오는 투덜쟁이 Oscar the Grouch도 있죠. 심술궂고 괴팍한 노인을 표현할 때 grumpy, grouchy 모두 쓸 수 있습니다.

성질이 괴팍하고 화를 잘 내는 사람을 게crab에 비유해

crabby라는 표현을 쓰기도 합니다. 게는 건드리면 확! 하고 상대방을 공격하는데 심지어 자기 다리도 잘라 버릴 정도로 성질이 아주 고약하다는 데서 나온 표현입니다.

괜히 울고 떼를 쓰는 아이에게도, 사소한 일에도 짜증내고 신경질 부리는 어른에게도 crabby하다는 표현을 쓸 수 있습니다.

투덜거리는 사람에게는 투덜거릴 일만 생기는 법! 세상을 향해 투덜대면 투덜거리는 사람만 더 많이 만나게 될 겁니다!

봉 대리, Sorry! I didn't mean to be so crabby.
월요일 아침은 늘 피곤해서…. 내가 점심 살 게. 가자고!

이런 게 같은….

He gets crabby if he doesn't get enough sleep.
우리 팀장님은 잠을 푹 못자면 까칠해.

pink slip

: 해고 통지서

불경기가 장기화되면서 기업들의 대규모 인원 감축^{work-force}
reduction이 불가피해 많은 직장인들이 해고_{layoff} 위기에 직면하게
되었는데요. 예나 지금이나 직장인들이 가장 두려워 하는 말,
'해고 당하다'라는 말은 어떻게 표현할까요?

내가 잘못해서 잘리면 **fired!**

회사가 잘못해서 잘리면 **layoff!**

영화나 드라마에서 일하던 사람이 상사에게 해고당할 때
'You are fired!'라고 말하는 걸 많이 들어보셨을 겁니다.

이렇게 **get(be) fired**는 **employee** 본인의 어떤 잘못으로
인해 해고당할 때 쓰는 표현입니다.

프로젝트를
망쳤거든요.

I think I'm going to
get fired soon.
아무래도 나 곧 잘릴 것 같아.

반면에 **layoff**는 회사 경영 사정이 좋지 못해 **downsizing** 차원에서 정리 해고를 당하는 것을 가리킬 때 씁니다.

원래 **layoff**는 월급이 일시적temporarily으로 끊기는 걸 가리키는 말이었는데 **get fired**보다 좀 더 완곡하게 표현하기 위해 **layoff**를 많이 쓰기 시작했다고 합니다.

만약 회사에서 **pink slip**, 핑크색 편지를 받았다고 하면 좋은 걸까요? 나쁜 걸까요?

pink slip은 앞에서 말한 회사의 구조조정에 따른 **layoff**의 상황에서 통보받는 **해고 통지서**를 말해요. 핑크색은 다른 어떤 색보다 눈에 잘 띄는 색이죠.

그래서 옛날에 경영자가 직원을 해고할 때 눈에 잘 띄게 하기 위해 분홍색 종이에 인쇄된 해고 통지서를 직원 책상 위에 놓은 데서 비롯되었다는 이야기가 있어요.

이 표현은 미국의 대공황 시절부터 쓰이기 시작했는데 실제로 핑크색 해고 통지서를 받지 않더라도, **pink slip**이라는 표현은 지금도 상징적인 표현으로 사용됩니다.

pink slip
해고 통지서

같은 뜻으로 **get the ax(e)**란 표현도 있습니다.

말 그대로 도끼로 나무를 찍어내는 모습에서 비롯된 표현인
데 등 뒤로 도끼ax를 들고 다니며 어느 놈을 찍어 내쫓을까 고르
는 사장님의 모습을 상상해 보세요. 좀 <u>으스스</u>하죠?

**After Henry was caught stealing, he got
the axe by his boss.**
헨리가 돈을 횡령하고 나서 그의 상사에게 잘렸어.

get canned도 '해고당하다'라는 뜻이에요. 여기서 **can**은 말 그대로 캔을 뜻하는데 옛날에 서구 사람들은 똥을 캔_{can}에 담아 옮겨 버렸다고 해요. 똥통에 버려지듯 회사에서 버려지는 모습을 떠올려 보세요. 그럴싸한 비유이지 않나요?

The new accountant **got canned** after a miscalculation cost the company hundreds of thousands of dollars.
새로운 회계사가 수십만 달러의 회사 비용을 잘못 계산해 해고를 당했어요.

as sick as a dog

: 심하게 아픈

I am as Sick as a dog!
개는 한 번 아프면 심하게 아프다오.

감기 몸살이 심해서
일어날 기운도 없어요.

우리나라나 서양이나 개에 비유한 표현이 참 많은데요. 심하게 아플 때 개에 비유하여 **as sick as a dog**라는 표현을 씁니다.

옛날엔 개가 아무거나 주워 먹다 보니 먹어선 안 될 것까지 먹어 자주 아팠던 모양입니다.

심한 감기 몸살에 걸려서 자리에서 일어날 기운도 없는 경우에 쓸 수 있는 표현입니다.

I am as sick as a dog today, so I can't go to the office.

오늘 심하게 아파서 회사에 갈 수가 없습니다.

박쥐도 박쥐의 특징을 비유해 쓰는 말이 있어요. 눈이 나빠 제대로 보이지 않을 땐 시력이 거의 퇴화된 박쥐에 비유해 **as blind as a bat**이란 표현을 씁니다.

She is as blind as a bat without her glasses.

그녀는 안경 없이는 장님이나 다름 없어요.

코 앞에 있다고! 이런....

우리말 표현 중에 '쥐 죽은 듯 조용하다'란 말이 있죠. 서양에선 아주 조용한 사람이나 분위기를 찍소리도 내지 않고 몰래 음식을 탈취하는 쥐에 비유해 **as quiet as a mouse**라고 합니다.

동물에 빗댄 표현은 또 있는데요. 꿀벌은 꿀honey을 따기 위해 온 종일 이 꽃에서 저 꽃으로, 그리고 여왕벌queen bee이 있는 벌집hive으로 부지런히 날아다니죠.

그래서 **바쁜** 사람을 꿀벌에 비유해 **a busy bee**라고 하고 **as busy as a bee**라는 표현을 쓴답니다.

He was **as quiet as a mouse**. I didn't even know he'd come in.

그가 워낙 쥐 죽은 듯 조용해서 그가 들어와 있는 것조차 몰랐다.

as quiet as a mouse
아주 조용히, 아주 조용한

as busy as a bee
몹시 바쁜

그런데 바쁘다는 뜻의 **busy**와 벌을 뜻하는 **bee**는 모두 **b**발음으로 시작되죠. 그래서 **bee** 말고도 **beaver**도 바쁘다는 뜻으로 씁니다.

옛날에 비하면 훨씬 더 기술이 발전하고 편리해진 것 같은데 우린 왜 이렇게 항상 벌처럼, 비버처럼 바쁜 걸까요?

She is **as busy as a beaver**!
그녀는 부엌에서 요리하느라 몹시 바빠요!

I don't have time to talk to you.
I'm **as busy as a beaver**.
나 지금 당신이랑 얘기할 시간 없어. 몹시 바빠!

09 쥐꼬리만 한 월급을 받아요

for peanuts

: 적은 돈으로, 싼값으로

박 차장님! 제 연봉이 얼마나 쥐꼬리만 한지 모르시죠?

I'm working for chicken feed!

김 대리! 이런 말 하긴 그렇지만 팀장인 나도 실은….

I'm working for peanuts!

nutty는 nut에서 나온 형용사로 견과류가 든, 견과류 맛이 나는 등의 의미인데 **약간 돈, 정상이 아닌, 미친**이라는 뜻으로도 씁니다. 그래서 〈너티 프로페서 The Nutty Professor〉라는 제목의 영화도 있었죠. 이 **nutty**를 **fruitcake**에 비유해 쓰기도 하는데 **fruitcake**에 견과류가 많이 들어가기 때문입니다.

We were convinced that he's as nutty as a fruitcake.
우리는 그가 제정신이 아니라 **확신했습니다.**

a hard nut to crack은 직역하면 '깨기 힘든 딱딱한 견과류'라는 뜻인데 이해하거나 해결하기 힘든 일, 또는 이해하거나 설득하기 아주 힘든 사람을 가리킬 때 씁니다. 이해하기 힘든 사람은 그 속을 잘 알 수 없기에 단단한 껍질에 쌓여 있어 깨기 어

THE NUTTY PROFESSOR
너티 프로페서

뚱뚱한 괴짜 발명가이자 교수인
셔먼 클럼프 교수가 지킬박사와 하이드처럼
완전 다른 몸매와 성격의 소유자로
변하면서 일어나는 에피소드를 담은 영화

려운 견과류에 비유한 것이죠.

Making the final decision is going to be a hard nut to crack.

마지막 결정을 내리는 건 어려운 일이 될 것입니다.

우리들은 아주 적은 돈을 '껌값'에 비유하는데 영어로는 '땅콩 값peanuts'이라고 합니다. 그래서 돈을 아주 조금 받고 일한다고 할 때 **work for peanuts**라는 표현을 씁니다. 하지만 요즘은

경기가 좋지 않다보니 쥐꼬리만 한 임금에 상관없이 직업을 구하는 것 자체가 쉽지 않죠.

I'm working for peanuts, too!

모두의 월급이 팍팍 오르는 날을 꿈꿔봅니다.

make ends meet

: 겨우 먹고 살 만큼 벌다, 근근이 꾸려가다

경제적으로 국내외 상황이 악화되면서 외식비뿐 아니라 아이들의 사교육비까지 줄일 정도로 다들 먹고 살기 힘들다고 아우성입니다. 이런 상황에서 우리는 '허리띠를 졸라 매야 한다'라는 말을 자주하는데요. 재밌게도 영어로도 똑같이 'tighten one's belt'라는 표현을 씁니다.

We should try to reduce useless expenditures and **tighten our belt**.

불필요한 지출을 없애고 허리띠를 졸라매야 해요.

수입과 지출을 따지면 한숨만 나온다고 한탄하는 사람들이 많지요. 가계부의 맨 아랫줄, 끝에 수입과 지출의 총 양을 쓰는데 두 개가 최소한 같아야 빚지지 않는 살림살이를 할 수 있는데 **make ends meet**은 딱 번만큼 쓰는 식으로 근근이 살아간다, 적자만 간신히 면한다just avoid going in the red, 여유가 없이 빠듯하게 살아간다는 뜻입니다.

'요즘 먹고 살기 힘들다' 등의 표현은 **I can hardly make ends meet these days, I'm struggling to make ends meet** 등으로 말할 수 있습니다.

make ends meet은 원래 **make both ends of the year meet**을 줄인 말로 수지균형을 맞춰나간다는 뜻이고 회계 장부나 세무 분야에서 쓰던 표현입니다. **both ends**는 수입과 지출의 결산을 의미하죠. 분기별 결산을 해서 수익이 나면 **black**으로 표기하고 적자는 **red**로 표기했는데 여기서 나온 표현이 **I'm in the red**입니다.

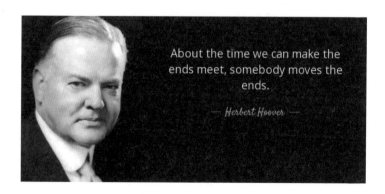

About the time we can make the ends meet, somebody moves the ends.

— Herbert Hoover —

문제는 간신이 **make ends meet** 하는 상황에서 예상치 못한 지출이 항상 생긴다는 것이죠. 유명 청소기 업체의 회장 보스 후버도 이런 명언을 남겼습니다. "수입과 지출을 맞출 무렵이 되면 뜻밖의 일이 터져 허사가 된다."

1. 다음 빈칸에 알맞은 표현을 골라 시제에 맞게 써보세요.

> · get fired   · lay off

A. Hyundai _____ _____ 500 workers due to the economic recession.
현대는 불경기 때문에 500명의 노동자를 정리해고 했습니다.

B. John _____ _____ from his company for being constantly late.
존은 계속되는 지각 때문에 회사에서 해고 당했습니다.

2. 다음 빈칸에 맞는 컬러를 골라 적어 넣으세요.

> · red   · pink   · brown   · blue   · black

A. The worker got the _____ slip from the company.
그는 회사에서 해고되었습니다.

B. Did you see Jim washing the principal's car? He's such a _____ noser.
짐이 교장 차 닦고 있는 거 봤어? 그는 진짜 아첨쟁이라니까.

C. Trade figures are already deep in the _____.
무역수지가 이미 큰 적자를 보이고 있습니다.

3. 다음 그림과 경고장을 보고 무슨 뜻인지 해석해 보세요.

[정답] 1. A-laid off, B-got fired   2. A-pink, B-brown, C-red   3. 전방에 괴팍한 노인이 있으니 주의하라는 뜻

4. 다음 왼쪽 문장과 어울리는 오른쪽 문장을 맞게 연결해 전체 문장을 완성하세요.

A. Gina couldn't go to the party. •
지나는 그 파티에는 갈 수 없었습니다.

     • a. I'm busy as a beaver.

B. Mary hardly ever says anything. •
메리는 거의 말을 안 해요.

     • b. I'm blind as a bat.

C. I don't have time to talk to you. •
너와 이야기하고 있을 시간은 없어.

     • c. She's quiet as a mouse.

D. My eyesight is poor. •
저는 시력이 나빠요.

     • d. Because she was as sick as a dog.

5. 알맞은 표현을 보기에서 골라 빈칸을 채워 문장을 완성하세요.

> · bite the bullet   · goofing around   · in the doghouse
> · hard nut to crack make ends meet

A. Stop _____. Get to work.
그만 빈둥대고 이젠 일 좀 하시죠.

B. Many families struggle to _____ these days.
요즘 많은 가족들이 아등바등 돈을 벌어 겨우 먹고 삽니다.

C. _____, and do the right thing for a bright future.
힘들더라도 이를 악물고 참고 밝은 미래를 위해서 올바른 선택을 해요.

D. I'm always _____ because I don't help my wife clean the house.
집안 청소 안 도와줘서 늘 아내에게 면목이 없어요.

[정답] 4. A-d, B-c, C-a, D-b 5. A-goofing around, B-make ends meet, C-Bite the bullet, D-in the doghouse

PART 02

네이티브식
영어 표현

When pigs fly!

: 결코 일어날 가능성이 없다

부장님
전 언제
진급시켜 주실 겁니까?

When pigs fly!
해가 서쪽에서
뜨면 모를까!

이번에는 돼지에 관련된 영어표현을 알아보려 합니다.

첫 번째 표현은 'When pigs fly'입니다. 돼지가 하늘을 난다는 뜻이죠.

사실 돼지가 날개가 있는 것도 아니고 날 수는 없죠. **불가능한 일, 절대로 일어날 가능성이 없는 경우**를 뜻합니다. 우리나라로 치면 '해가 서쪽에서 뜬다'와 딱 맞아떨어지는 말입니다.

That will happen **When pigs fly**!
그런 일은 절대 없을 거야!

목말이나 등에 업는다는 표현을 할 때도 **pig**를 씁니다. 목말이나 등으로 업는 건 영어로 **piggyback ride**라고 합니다.

돼지를 귀엽게 부르는 표현인 **piggy**와 등을 나타내는 **back**, 그리고 탈 것에 타다는 **ride**가 합쳐진 말로서 '**등에 짊어지고, 등에 업힌**'이라는 뜻으로 쓰입니다.

이 표현의 유래에 대해서는 여러 가지 설이 있습니다.

짐을 픽업해서 어깨 위에 진다는 뜻의 **pick-a-pack**에서 나왔다는 설도 있고 아이가 어른 등에 업혔을 때 느껴지는 폭신폭신함을 마치 돼지 등piggyback에 업힌 느낌에 비유한 표현이란 설도 있습니다.

Daddy, give me a **piggyback ride**!
아빠, 어부바해 주세요!

May I give you a **piggyback ride**?
업어줄까?

piggy back ride!

어부바!

하지만 돼지의 뚱뚱한 몸과 꿀꿀거리며 게걸스럽게 음식을 먹는 모습 때문에 부정적인 표현도 많습니다. 우리말 표현으로도 과식을 '돼지같이 먹는다'고 표현하는데 영어로도 똑같이 **eat like a pig**라고 합니다.

유사한 표현으로 **pig out**도 있습니다.

음식을 너무 많이 먹다to eat a lot or too much, 과식하다overeat라는 의미로 씁니다. 어떤 음식을 많이 먹었다고 할 땐 **on** 다음에 그 음식을 붙이면 됩니다. 많이 먹는 사람, 무례하거나 지저분한 사람, 욕심 많은 사람을 **pig**에 비유하기도 합니다.

I always **pig out** when I go to a buffet restaurant.

난 뷔페 식당가면 항상 너무 많이 먹어.

He **pigged out** on fried chicken and pizza.

그는 치킨과 피자를 엄청 먹어치웠어.

또다른 표현으로는 **Do not cast(throw) pearls before swine**이 있습니다 '돼지에게 진주를 던지지 말라'는 뜻인데 성경에 나오는 말로 돼지 목에 진주 목걸이라는 뜻이죠.

이처럼 부정적인 의미로 많이 쓰이는 **pig**! 거참, 삼겹살이며 보쌈에 순대까지 돼지라면 사족을 못 쓰는 사람으로서 돼지에게 미안하네요.

02 계획이나 약속을 매너 있게 미룰 때

rain check

: 나중에 적당한 때로 연기하다

장마철rainy season이 되면 세차게 내리는 비로 인해 계획되었던 야구 경기가 취소되는 일이 종종 있죠.

미국에서는 갑작스러운 비로 인해 야구 경기가 취소되었을 때, 경기를 보러 온 관중들에게 다음에 경기를 다시 볼 수 있는 일종의 우천시 교환권을 발행해 주는데 이를 rain check라고 합니다.

1880년대쯤부터 사용되기 시작한 이 표현은 점차 다른 스포츠 이벤트뿐만 아니라 일상생활에서의 약속, 계획, 초대 등 제안 사항에 대해 바쁘거나 다른 이유로 당장 응하기 어려운 경우 **다음 기회에 하자고 연기할 때** 쓰게 되었습니다.

I know you want me to go to the movies but would you mind if I took a rain check?
너 나랑 영화 보러 같이 가길 원하는 거 아는데 다음 기회로 미루면 안 될까?

비도 내리는 양에 따라 부르는 이름이 여러 가지입니다. 이슬비, 보슬비, 장대비처럼 다양한 비의 이름을 영어로는 어떻게 표현하는지 참고로 살펴보기로 해요.

It's drizzling.
이슬비가 내려요. 비가 보슬보슬 내려요.

It's raining.
비가 와요.

It's pouring.
비가 많이 내려요.

It;'s bucketing down.
비가 억수처럼 퍼붓고 있어요.

It's a flood.
홍수가 났어요.

사랑하는 사람이 피곤해 하면 데이트 대신 **rain check**라는
선물을 해보면 어떨까요?

영화보러 가자고? 미안하지만...

Can I take a rain check?

비 오니까 나가기 귀찮기도 하고
집에서 따뜻한 커피나 마시고 쉴래....

The traffic is heavy

: 차가 막히다

출퇴근 시간 같은 **rush hour** 때는 교통이 정말 혼잡하죠.

교통이 혼잡할 때는 차로가 무겁기 때문에 **The traffic is heavy**라는 표현을 씁니다. 명절 때 엄청난 귀경 행렬, 한 번쯤 경험해 보셨지요?

차가 막힐 때는 **The traffic is heavy, The traffic is really bad, There's a lot of traffic** 등 여러 가지로 표현하는데요.

차가 너무 많아 자동차 범퍼가 닿을 정도로 가깝다는 의미로 **bumper to bumper**란 표현도 씁니다. **traffic jam**은 특정한 장소 한 곳이 막혀 교통체증이 나타났을 때 씁니다.

There is an insane traffic jam for rush hour.
출퇴근 시간에는 살인적인 교통체증이 있습니다.

전반적인 교통체증은 **heavy traffic, congested traffic**이
란 표현을 씁니다. **congest**는 **혼잡해지다, 정체 되다**란 뜻인데
미국에 가면 상습 정체구간에서는 이 문구가 적힌 표지판을 흔
히 볼 수 있어요.

어디에 걸리거나 빠져 꼼짝 못 할 때 **stuck**이란 표현을 쓰
죠. 차가 막혀 꼼짝도 못하고 있을 때 **stuck**에 **in traffic**을 붙여
stuck in traffic이라는 표현을 씁니다. 지각했을 때 가장 많이
하는 핑계가 바로 **stuck in traffic**이란 말이죠.

그렇다면 반대로 차가 안 막히고 교통이 원활할 때 쓸 수 있는 표현에는 어떤 것이 있을까요?

The traffic is light.
There is no traffic.
The traffic flow is smooth at the moment.
현재 차량의 흐름은 원활합니다.

꽉 막힌 도로에서 시간을 보내면 아깝다는 생각이 절로 나죠. 좀 귀찮고 힘들더라도 대중교통을 이용합시다. 계단 오르며 운동도 되고 교통비도 절약되니 일석이조아니겠어요!

04 대박과 쪽박을 영어로?

hit the jackpot

: 대박을 터뜨리다

Actor Song Joong-gi is becoming extremely popular.

KBS의 드라마 〈태양의 후예Descendants of the Sun〉가 방송 초기부터 높은 시청률viewership을 기록하며 '대박'을 터뜨리며 아시아 지역에서도 K-POP 드라마의 새로운 역사를 써 내려갔었죠.

이렇게 어떤 드라마, 영화, 책 등이 큰 성공을 거둘 때 **big/huge hit**이란 표현을 씁니다.

〈Descendants of the Sun〉 is a big/huge hit.
〈태양의 후예〉는 큰 성공을 거두고 있습니다.

〈태양의 후예〉를 뜻하는 '**Descendants of the Sun**'이라는 제목은 분쟁지역에서 극한의 상황에 직면하는 주인공들의 처지를 강렬한 태양의 이미지에 빗대어 표현한 것이라고 해요.

그러면 '대박'은 영어로 뭐라고 하면 될까요?

바로 **hit the jackpot**이라는 표현을 쓰면 돼요.

흥! 송중기는 태양의 후손이 아니라 나의 **후손 descendant**이지! 내가 **조상 ancestor**이라고!

descendant
후손, 후예

ancestor
조상

jackpot

crackpot

jackpot은 도박인 **poker**와 관련된 말로써 1944년 '큰 상금 big prize'이라는 말로 쓰이기 시작했다고 해요.

과거 정부에서 통일reunification에 대해 언급하며 '대박'이라는 표현을 썼죠.

이를 영어로 표현할 때 청와대에서 공식 채택한 것은 **bonanza**란 단어였어요.

bonanza는 노다지, 아주 수지맞는 일을 뜻하는 말인데 1849년 미국에서 골드러시gold rush때 사용됐던 용어로 현재는 구식 표현이라 자주 사용되지 않지요.

그래서 〈월스트리트저널〉과 〈파이낸셜 타임즈〉 등의 미국 언론에선 당시 **'jackpot'**으로 많이 소개되었습니다.

참고로 **jackpot**은 의미가 정반대인 **crackpot**이란 단어와 함께 사용해 비꼬는 의미로도 종종 쓰인답니다.

05 나 완전 바가지 썼어!

pay through the nose

: 터무니없이 많은 돈을 주다, 크게 바가지 쓰다

해외 여행을 가는 사람들은 종종 비싼 로밍 요금제 때문에 불만을 쏟곤 합니다.

특정한 로밍 신청 없이 데이터를 쓰면 요금이 국내보다 수십배 비싸게 나오기 일쑤고 LTE 로밍을 신청한 경우 현지 사정으로 LTE가 제대로 연결되지 않았는데도 항의를 하지 않는 한 비싼 LTE 요금이 그대로 부과하는 경우도 있죠.

이처럼 **터무니없이 돈을 지불하게 되는 경우**에 쓸 수 있는 표현이 **pay through the nose**입니다.

이 표현의 유래는 9세기까지 거슬러 올라가는데요.

아일랜드를 점령한 덴마크인들이 세금을 징수하는데, 세금을 내지 않는 사람들의 코를 베어 버렸다고 합니다. 코를 베이지 않기 위해선 많은 세금을 낼 수밖에 없었던 거죠.

If you bring a car into the COEX mall,
you have to pay through the nose for parking.

코엑스 몰에 차를 가져오면 주차요금에 엄청난 돈을 내야 해!

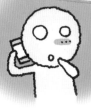

My new cell phone
cost me an arm and a leg but I love it!

내 새로운 핸드폰에 거금이 들어갔지만 난 그래도 만족해!

pay/cost an arm and a leg
거금을 들이다, 터무니없는 값을 치르다

비슷한 재미있는 표현으로 **pay/cost an arm and a leg**가
있습니다.

이 표현은 옛날 초상화를 그리는 화가가 그림값을 청구하는
데에서 유래되었다는 설이 있습니다.

보통 얼굴과 어깨까지 그리는 값이 가장 쌌고, 팔과 다리까지
그리는 전신 초상화는 그만큼 더 많은 시간과 노력이 들어가는
까닭에 많은 돈을 청구하게 되어 **'큰돈'**을 의미하게 되었다고
해요.

06 바가지 썼어! vs 완전 거저야 거저!

That's a rip-off!

: 완전 바가지야!

RIP OFF~
찌익~

rip은 '찢다, 뜯어내다'라는 뜻입니다. 거칠게 뜯어낸 청바지를 ripped jeans라고 하지요.

'바자기를 씌우다'는 영어로 rip-off라고 표현하는데 우리말에서도 누구에게 크게 얻어먹자고 할 때 '홀랑 벗겨 먹자'라는 말을 쓰죠?

그와 비슷한 맥락으로 rip-off를 직역하면 '잡아 뜯다'라는 뜻이 되는데 말 그대로 남의 돈을 갈취하듯이 뜯어서 도망가다, 라는 의미로 이해하면 될 것 같습니다.

그래서 '완전 바가지네!'라고 말할 땐 That's a rip-off 혹은 What a rip-off라고 하면 되고 '너 바가지 썼어'는 You got ripped off라고 합니다.

You got ripped off.
자동차 배터리 교환하는데 20만 원이나 줬다고?

나 바가지 쓴 거야?
정기적으로 교환해 줘야 한데서
그런가보다 했지!

반대로 '완전히 싼값에 샀다, 거저나 다름없다'는 영어로 **'That's a steal!'**이라고 합니다.

훔친 거나 다름없을 정도로 물건을 싸게 샀다는 거죠.

비슷한 뜻으로 **What a bargain**이라는 표현도 씁니다.

bargain은 질 좋고 싼 물건을 가리키는 말입니다.

참고로 백화점에서 자주 볼 수 있는 '바겐세일bargain sale'이란 말은 콩글리시로 취급되기도 하는데, 사실 미국에서도 자주는 아니지만 실제로 쓰이는 말이랍니다!

5,000원에 샀다고? 거저네 거저!
That's a steal!

That's a steal
공짜나 마찬가지다, 횡재다

물론 그보다는 **discount, great bargain, on sale** 등이 더
많이 쓰입니다.

　요즘은 인터넷으로 가격 비교
를 쉽게 할 수 있어서 옛날처럼
바가지 쓸 일이 줄어서 좋은 것 같
습니다.

07 요즘은 엉덩이가 전화를 걸어요!

butt dial

: 바지 뒷주머니에 넣어둔 휴대폰으로 의도치 않게 누군가에
 게 전화를 걸다

slang이라 격있는 표현은 아니지만 옥스퍼드 사전에 등재된 재밌는 신조어 몇 개를 살펴볼까 해요.

누구나 한두 번쯤은 주머니에 넣어둔 스마트폰의 버튼이 자신도 모르는 사이에 눌려 누군가에게 전화를 걸거나, 반대로 그런 전화를 받은 경험이 있으실 겁니다.

이렇게 주머니pocket에 넣어 놓은 핸드폰이 잘못 눌려 걸리는 전화를 **pocket dial**이라고 표현해요. 특히 바지 뒷주머니에 넣어 놓은 핸드폰이 엉덩이에 눌려 전화가 걸리는 것은 **butt dial**이라고 합니다. 엉덩이를 영어로 **butt, buttocks, bottom** 등이라고 표현하거든요.

전화를 잘못 걸었다면 한 번쯤은 **butt dial**이란 표현을 한번 써보세요.

I'm sorry I accidently **butt dialed** you.
미안해, 실수로 전화를 잘못 걸었어.

　배고파 죽겠는데 식당에서 주문한 지 한참이 지나도록 음식이 안 나오면 열 받기 마련이죠. 짜증을 넘어 화가 나기까지 합니다. 이럴 때 쓰는 말이 바로 행그리_{hangry}! **hangry**는 '배고픈 hungry'과 '화난_{angry}'이 합쳐져 배가 너무 고파서 화가 난 상태를 뜻하는 말입니다. 동서양을 막론하고 배가 고프면 화가 나는 건 마찬가지인가 봅니다.

selfie는 이미 다들 알고 계시죠? '셀카'를 뜻하는 말로 스스로 찍은 사진을 의미하는 **self-picture** 또는 **self-portrait-photography**의 줄임말입니다. '셀카봉'은 뭐라고 할까요? 그냥 **selfie stick**이라고 하면 됩니다!

Let's take a **selfie**!
셀카나 **찍자**!

everything but the kitchen sink

: (필요 이상으로) 많은 것들, 하나에서 열까지 모두

엄마는 캠핑 갈 때
없는 거 빼고
다 가져가세요!

everything but the kitchen sink를 직역하면 '부엌의 싱크대를 제외하고는 다 있는'이란 뜻이 되는데 이 표현의 어원도 여러 가지가 있습니다.

그 중 하나는 2차 세계대전 중에 무기 제조를 위해 금속이 필요했던 미국 정부가 시민들의 가정에 있는 금속으로 된 물건을 모두 가져갔는데 부엌 싱크대는 너무 무겁고 가져가는 것이 번거로워 부엌 싱크대만 남겨두었다고 합니다.

부엌 싱크대는 크기도 크고 배수관이 하수구와 연결돼 있어 분리해 가지고 다니기가 굉장히 힘들지요.

이사할 때도 마찬가지고 도둑이 다른 건 다 훔쳐가도 싱크대만은 가져가기 어렵습니다.

그런 싱크대만 빼놓고 모든 것이니까 그야말로 **온갖 거 다, 한 두 가지 빼고 거의 다, 혹은 필요 이상일 정도로 많은 것들,** 이란 의미로 유머스럽게 쓰는 표현입니다.

When we were going on a vacation, my mom wanted to take everything but the kitchen sink.

우리가 휴가를 떠났을 때 엄마는 필요 이상으로 많은 걸 가져가려고 하셨습니다.

get up on the wrong side of the bed

: 아침부터 기분이 나쁘다, 기분 나쁘게 하루를 시작하다

이런... 망했다...
이쪽으로 일어나면
안 되는 거였는데...

아침에 일어났는데 왠지 몸이 찌뿌듯하고 기분이 안 좋을 때가 있죠.

이러면 하루 종일 아무런 이유 없이 짜증나거나 우울해지기도 하는데 이럴 때 **get up on the wrong side of the bed**라고 합니다. 직역하면 '잠자리에서 잘못된 방향으로 일어나다'라는 의미가 되는데요.

Your boss seems to be in a bad mood today.
네 상사 오늘 기분 별로인 것 같던데?

I think he got up on the wrong side of the bad.
뭐…. 꿈자리가 사나웠나보지….

여기서 잘못된 방향은 '왼쪽'을 말합니다.

우리나라도 옛날에 아이가 왼손을 쓰면 복 나간다며 오른손을 억지로 쓰게 했던 것처럼 옛날 로마 시대 사람들도 왼쪽을 금기시했다고 합니다.

신발을 신을 때도 왼쪽을 먼저 신거나, 집에 들어갈 때도 왼발로 먼저 들어가면 재수가 없다고 생각했죠. 침대에서 일어나 발을 바닥에 디딜 때도 마찬가지여서 항상 침대 왼쪽을 벽에 붙이고 오른쪽으로만 일어날 수 있도록 배치했다고 해요.

친구가 오늘 따라 예민하게 굴며 투덜댄다면 이렇게 한번 물어볼 수 있겠네요.

Did you get up on the wrong side of the bed?

오늘 일진이 안 좋으셨다면 내일은 꼭 **right side of the bed**에서 일어나세요!

Don't be wishy-washy!

: 우유부단하게 굴지 마세요

우리 박 차장님은 항상
물에 물 탄 듯, 술에 술 탄 듯
이랬다저랬다 해서
우리가 고생하지.

뭔가에 물을 타면 색이 연해지죠. **wishy-washy**는 묽다, 연하다는 뜻을 가진 **washy**와 비슷한 **wishy**를 반복_{reduplication}해서 만들어진 표현입니다. **의견이 분명하지 않다, 우유부단하다는** 의미로 결정을 내려야 할 순간에 결정을 내리지 못하고 어정쩡하게 굴거나 우유부단_{indecisive}하게 구는 사람이나 이랬다저랬다 하는 변덕스러운_{fickle} 사람에게 쓸 수 있는 표현입니다.

> She keeps changing her mind.
> She is pretty wishy-washy.
> 그녀는 계속 마음을 바꿔요. 자꾸 이랬다저랬다 해요.

여친 맞춰주기 정말 힘들어요....

너도 참 힘들게 산다.

주관이 뚜렷하지 않고 결정을 잘 못해 우유부단한 사람은 리더_{leader}로서 성공하기 힘들 겁니다. 일할 때 우유부단하면 안 돼요! **Let's not be wishy-washy!**

결단을 내려야 할 땐 단호하게!

1. 다음 셔츠의 가격이 각각 **5달러**와 **500달러**일 때 쓸 수 있는 표현을 알맞게 골라 쓰세요.

·rip-off   ·steal

1. It costs $ 5. That's a _____!

2. It costs $ 500. That's a _____!

2. 다음 물건의 이름을 영어로 말해 보세요.

3. 다음 사진을 보고 문장을 완성해 보세요.

They sell _____

_____ at that store.
그 가게는 오만 가지 물건을(없는 거 빼고) 다 팔아요.

4. 다음 문장의 빈칸을 보기에서 골라 채워 완성하세요.

·hit the jackpot   ·an arm and a leg   ·a piggyback ride
·pig out   ·a rain check

A. Would you mind if I take _____ on that drink?
그 술은 다음 기회에 하면 안 될까요?

B. Dad, give me _____.
아빠, 나 업어 주세요.

C. My boss _____ in the stock market.
제 상사는 주식으로 대박을 터뜨렸습니다.

[정답] 1. A-steal, B-rip-off   2. selfie sticks   3. everything but the kitchen sink

D. I paid _____ for my new car.

전 거금을 주고 제 새 차를 샀습니다.

E. Sometimes my girlfriend _____ on pizza, but that's okay.

때로 제 여자 친구는 피자를 엄청나게 먹지만, 괜찮습니다.

5. 다음 그림에 맞는 표현을 보기에서 골라 찾아 쓰세요.(중복가능)

· bucketing down   · drizzling   · a flood   · pouring   · raining hard

A.It's _____   B.It's _____   C.It's _____   D.It's _____

6. 다음 〈보기〉의 표현을 이용해 문장을 완성해 보세요.

· get up on the wrong side of the bed   · pay through the nose
· stuck in traffic   · wishy-washy

A. As president, she seemed to be _____ and ineffectual.

대통령으로서 그녀는 우유부단하고 무능해 보였습니다.

B. We were _____ for an hour on the Dong-ho Bridge.

동호대교에서 차가 막혀 한 시간이나 오도 가도 못하고 있었어요.

C. Yesterday I _____ at a bar.

어제 나는 술집에서 바가지를 썼어요.

D. What's wrong with you? Did you _____ today?

왜 그래? 오늘은 잠에서 잘못 깼니?

[정답] 4. A-a rain check, B-a piggyback ride, C-hit the jackpot, D-an arm and a leg, E-pigs
out 5. A-drizzling, B-raining hard, C-pouring/bucketing down, D-a flood 6.
A-wishy-washy, B-stuck in traffic, C-paid through the nose at a bar, D-get up on the
wrong side of the bed

PART 03

뉴욕에서도 바로 써 먹는
회화1

01 사랑하면 연인의 뱃살도 사랑스러운 법!

love handles

: 뱃살, 허리의 군살

뱃살이 있어서
잡기 편해요~

부동의 새해 결심 1위, 다이어트! 새해 결심 단골 메뉴는 단연 살빼기lose weight입니다. 특히 뱃살 빼기get rid of love handles가 많은 사람들의 가장 큰 고민이겠지요.

우리가 **뱃살**을 우스갯소리로 '똥배'라고 부르는 것처럼 영어에서도 뱃살을 부르는 재미있는 표현이 많습니다. 가운데가 볼록하게 나온 항아리pot에 비유해 **potbelly**라고 하기도 하고, 맥주를 많이 마셔 나온 배라는 뜻으로 **beerbelly**라고도 합니다.

beer/pot belly
똥배

love handles라는 표현도 많이 쓰는데 말하자면 '사랑의 손잡이'란 뜻입니다. 연인들이 껴안거나 사랑을 나누면서 허리를 잡을 때 늘어진 옆구리 살이 마치 손잡이handle 역할을 한다고 해서 생긴 표현이랍니다.

muffin top
바지 위로 삐져나온 뱃살

여자들의 경우엔 바지 허리선 위로 삐져나온 옆구리 살이 꼭 머핀muffin의 튀어나온 윗부분top처럼 생겼다고 해서 **muffin top**이라 부르기도 해요.

하지만 뚱뚱하다는 뜻의 **fat**을 포함해 이런 표현들은 친한 사람들끼리만 써야지 처음 보는 사람이나 친하지 않은 사람에겐 무례한 표현이 될 수 있어요.

좀 더 순화된 표현으로 과체중을 뜻하는 **overweight**란 표현을 쓰거나, 아이들에게는 귀엽고 통통하다는 의미의 **chubby**라는 단어를 쓰세요.

The baby is chubby and looks like his father.

그 아기는 통통하고 아빠를 닮았어요.

When African men see a chubby girl, they think she is very attractive.

아프리카인은 포동포동한 여자를 보게 되면, 그녀가 매우 매력적이라고 생각합니다.

break the ice

: 서먹서먹하고 어색한 분위기를 깨다

남녀가 처음 만나는 자리에서 무슨 말을 어떻게 해야 할지 잘 몰라 어색하고 썰렁했던 경험은 누구에게나 있죠. 이렇게 누군가를 만났는데 어색하고 서먹서먹할 때 awkward란 표현을 씁니다.

이런 경우 필요한 행동이 바로 **break the ice**입니다. **break the ice**라고 하면 **어색하고 썰렁한 분위기를 깨다**, 라는 뜻이 됩니다. 어색하고 썰렁한 느낌을 **ice**에 비유한 표현인 것이죠.

특히 회의, 파티 등을 시작할 때 서먹서먹하고 딱딱한 분위기를 바꾸자는 의미로 많이 쓰입니다.

To **break the ice**, let's play a game!
어색한 분위기를 깰 겸 게임 한 판 하죠!

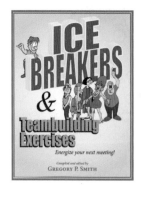

원래 이 표현은 쇄빙선을 가리키는 **ice breaker**에서 비롯되었어요. 추운 겨울에 강이나 호수가 얼어버리면 교통이 두절되었는데 봄이 되어 날씨가 따뜻해질 무렵 쇄빙선이 얼음을 부수어 항로를 만들기 시작하면서 다시 활동이 시작되곤 했지요.

이러한 문맥에서 **break the ice**는 사업이나 어떤 일을 '시작하다'는 의미로 사용되었다가 17세기 후반에 들어서 '어색하고 서먹한 분위기를 풀다'라는 의미로 사용되기 시작하였습니다.

회사나 학교에서 처음 대면하는 사람들 사이의 서먹함을 풀기 위해 **ice breaking time**을 갖기도 하죠. **ice breaker**는 어색하고 딱딱한 분위기를 푸는 놀이, 게임 노래, 춤 등이나 말발이 좋고 교제에 능한 사람을 가리키는 말이기도 합니다.

Something is fishy!

: 뭔가 수상해!

어떤 상황이 미심쩍거나 수상한 낌새가 있으면 우리는 보통 '뭔가 냄새가 나'라고 하죠. 연인 사이에서도 상대가 뭔가 수상한 행동거지를 보이면 자주 쓰는 말이기도 합니다. 신기하게도 영어로도 비슷한 표현을 씁니다.

smell fishy는 원래 생선 비린내가 나다, 라는 뜻입니다. 물고기fish의 형용사 형태인 것인데 뭔가 **수상한 상황**을 물고기 비린내가 나는 상황에 빗대어 **Something is fishy** 또는 **smell fishy**라고 합니다.

이런 상황에 쓸 수 있는 또 다른 재밌는 표현으로 **smell a rat**이 있습니다.

들쥐rat는 보통 시궁창 같은 더러운 환경에서 지내며 인간에

게 해로운 병균을 옮기기도 하고 식량을 훔치기도 해서 동서양을 막론하고 비호감이 된 지 오래입니다.

우리말 표현에 의리 없고 간사한 사람을 가리켜 '쥐새끼 같다'라고 하는데 영어에서도 쥐는 배신자traitor를 뜻하기도 한답니다.

smell a rat을 직역하면 '쥐 냄새가 난다'입니다. 이 표현 역시 뭔가 '수상한 낌새를 채다'라는 뜻입니다.

이 표현의 유래 중 하나는 페스트가 창궐하던 유럽에서 쥐를 찾아 죽이는 것이 매우 중요한 일이었는데 개나 고양이가 쥐 냄새를 맡고 뭔가 낌새를 알아채고는 흥분하는 모습에서 비롯되었다고 해요. 이제부터 뭔가 수상하고 이상할 땐 **fishy**와 **rat**을 떠올리세요!

먼가 수상하단 말이야....

Something is fishy

냄새가 나.

I smell a rat.

Cat got your tongue?

: 왜 꿀먹은 벙어리가 됐어? 왜 대답을 못해?

아빠들은 월급 이외의 돈이 생겼을 때 엄마 몰래 비자금으로 숨겨 두는 경우가 종종 있지요.

그런데 힘들게 마련한 비자금을 아내에게 들켜 '이게 무슨 돈이냐?'고 추궁을 당하면 대답하기가 힘들죠. 이때 아내가 목소리를 키우며 하는 말이 바로 **'Cat got your tongue?'**입니다.

(Has the) Cat got your tongue? 직역하면 '고양이가 네 혀를 가져갔냐' 쯤 되겠는데 무엇을 추궁하거나 혼낼 때, 말 못하고 있는 사람에게 **왜 말을 못하냐, 꿀 먹은 벙어리냐,** 라는 뜻으로 사용하는 표현입니다.

영화 〈다이하드4〉를 보면 주인공 브루스 윌리스와 범인이 전화로 심리 싸움을 하는 장면에서 서로에게 **What's the matter? Cat got your tongue?**라며 상대방을 비아냥거리는 장면이 나옵니다.

이렇게 **Cat got your tongue**는 '무슨 일이야, 뭐 잘못 했어?'라는 뜻의 **What's the matter(=What's the problem)**과 함께 많이 쓰입니다.

재밌는 이 표현의 시초는 군대입니다. 영국 해군에서 **Cat-o'-nine-tails** 9개의 끈으로 된 채찍라고 불리는 채찍으로 벌을 주었는데 이 채찍으로 맞으면 너무 아파 한동안 말을 못했다는 데서 유래했다고 합니다.

또 고대 이집트에서 거짓말쟁이나 신성 모독자의 혀를 잘라 고양이에게 주었다는 데서 유래되었다는 이야기도 있습니다.

어쨌든 이렇게 추궁을 당하는 사람도 반박을 해야겠지요.

이럴 경우 남편은 '알려고 하지마, 다쳐'라는 뜻으로 'Curiosity killed the cat!'이라는 농담을 칠 수 있습니다.

고양이는 날렵하고 위험한 상황도 잘 피해 다녀 '고양이는 목숨이 아홉 개다A cat has nine lives'라는 말이 있습니다.

이렇게 쉽사리 죽지 않는 고양이가 호기심 때문에 죽는다? 이는 속담으로 호기심이 많은 탓에 너무 많은 비밀을 알게 되면 화를 당하기 쉽다는 의미로 쓰는 표현입니다.

gut feeling

: 직감

말로, 이성적으로 정확히 설명할 순 없지만 본능적으로 몸으로 느껴지는 직감이나 예감은 영어로 뭐라고 하면 될까요?

좀 딱딱한 표현이긴 한데 intuition은 **직감, 직관**을 의미합니다. 지적 능력을 나타내는 **intellect**가 머리에서 비롯되는 거라면 intuition은 몸 안에서 비롯된다고 보는 것이죠.

How did you know I would drop by?
오늘 내가 들를 거라는 거 어떻게 알았어?

Oh, I don't know. It must have been intuition.
몰라. 그냥 그런 직감이 들었어.

천재 물리학자인 아이슈타인은 이렇게 말하기도 했습니다.

The only real valuable thing is intuition.

유일하게 진짜로 가치 있는 것은 직관력이다.

그는 주입식 교육보다는 상상력이 가져다주는 직관을 중시했고, 이 직관은 그가 어떤 행동을 어떤 때에 해야 하는지를 정확히 인식하게 했다고 하지요.

이런 직감, 느낌에 관련된 재미있는 표현으로 **gut feeling**이 있습니다. **gut feeling**을 직역하면 '내장, 창자의 느낌' 정도가 되겠지요.

서양인들은 어떤 일을 하려고 할 때 불길한 기분이 들거나 뭔

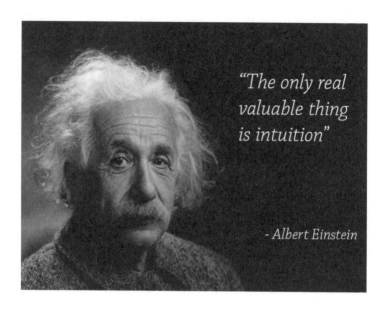

"The only real valuable thing is intuition"

- Albert Einstein

가 수상한 느낌을 받을 때 속이 좀 아픈 것 같거나 속에서 이상한 느낌이 올라오는 것처럼 느끼나 봅니다. 그래서 예감이나 직감을 **gut feeling**이라고 표현하기도 합니다.

다른 표현으로 **hunch**가 있습니다. 뭔가 느낌이 오는데, 감이 잡히는 데, 라고 할 때 **I have a hunch**라는 표현을 쓸 수 있습니다. **hunch**는 동사로 '(등을) 구부리다'라는 뜻인데 또 다른 의미로 '**직감이 들다, 예감이 들다**'의 뜻이 있고 명사로 **예감, 직감**이라는 뜻으로 씁니다.

저도 이 배에서 나오는 gut feeling에 귀 기울이는 편이죠.

네! 〈멘탈리스트〉의 패트릭 제인 씨! 그렇군요!

I knew it was him!
I had a gut feeling about this!
난 그 사람일 줄 알았어요. 그런 직감이 들었죠!

cheapskate

: 구두쇠, 짠돌이

What a cheap skate!
에잇! 싸구려 스케이트
같으니라고!!

저 녀석은 계산할 때만 되면
딴짓이야.

He's a
cheapskate!

계산할 때만 되면 지갑을 깜빡하셨다는 최 국장님, 밥 먹고 계산할 때면 화장실에 가시는 박 차장님, 상사에게 얻어먹기만 좋아하고 차 한잔 안 사는 이 대리…. 이렇게 우리 주위에 자기 돈은 좀처럼 안 쓰는 사람들이 있습니다. 비단 주변 사람뿐 아니라 사랑하는 연인에게까지 심하게 돈을 아끼는 사람도 있죠.

우리말로는 이런 사람들을 **구두쇠, 수전노, 짠돌이** 등으로 부르는데 영어로는 miser, cheapskate, scrooge, tightwad라고 하고 인색하다는 뜻으로 stingy를 쓰기도 합니다.

He's really **stingy** and never buys anyone a meal.
그는 인색해서 누구에게 밥 한번 산 적이 없어요.

명사로 구두쇠는 **miser**라는 표현을 씁니다. 비참한, 불쌍한 등을 뜻하는 라틴어 **miser**에서 파생된 것입니다. **misery**는 비참함이란 뜻, 결국 구두쇠는 비참하고 불쌍한 사람이란 뜻도 됩니다.

구두쇠의 의미로 쓰는 **cheapskate**는 직역하면 싸구려 스케이트이지만 스케이트와는 상관없는 표현입니다. **skate**는 스코틀랜드에서 쓰이는 **skyte**에서 유래된 말로 치사한 사람, 녀석이라는 뜻이고 **cheap**에는 짜다, 인색하다는 뜻이 있습니다.

우리나라에 자린고비가 있다면 서양에는 **Scrooge**가 있습니다. 아주 지독한 구두쇠를 스크루지에 비유해 쓰기도 합니다.

tightwad도 구두쇠라는 뜻으로 쓰는 말입니다. **wad**는 종이 등의 뭉치를 뜻하는 말인데 여기선 돈뭉치, 돈다발을 가리킵니다. 고로 **tightwad**는 돈뭉치를 꽉 움켜쥐고 있는 사람이란 뜻으로 짠돌이를 **tightwad**라고 말하기도 하는 것이죠.

He always forgets his wallet.
He's a **cheapskate**.
그는 항상 지갑을 안 가져와. 진짜 구두쇠라니까.

My father is such a **tightwad**, we don't even have cable.
우리 아버지는 진짜 구두쇠야. 우린 케이블 TV도 없어.

미국에서 페니는 가장 적은 돈의 단위로 센트를 **penny**라고도 하죠. **penny pincher**는 동전 한 푼도 쥐어 짜내듯pinch 쓰는 구두쇠를 칭하는 말입니다.

Don't be stingy with your money, be stingy with your time! 돈 쓰는 거를 너무 아까워하지 마세요. 시간을 아까워하자고요!

have a sweet tooth

: 단 음식을 좋아하다

정부에서도 설탕과의 전쟁war on sugar을 선포하면서declare 국민건강을 위해 '당류 줄이기reducing citizen's sugar consumption'를 추진한다고 하지요.

설탕을 과도하게 섭취excessive sugar intake하게 되면 비만obesity, 고혈압high blood pressure, 당뇨diabetes, 충치tooth decay와 골다공증 등 여러 가지 만성적인 질병chronic diseases이 유발되기 때문에 하루 섭취 열량의 10% 이하로 섭취를 제한하는 것이 바람직하다고 합니다.

문제는 설탕이 이러한 단맛이 느껴지는 음식뿐 아니라 우리가 먹는 거의 모든 음식에 알게 모르게 들어가 있다는 것인데요. 설탕의 중독성addictive은 마약인 코카인cocaine보다 더 강하다고 해요.

설탕 섭취를 갑자기 끊으면 설탕에 중독된 우리 몸이 설탕을 갈망하게 되는데 이를 **sugar cravings**라고 합니다. 금단현상으로 불안anxiety, 짜증irritability, 화anger도 쉽게 내게 되며 심지어 우울해지고 피로해지게fatigue 되어 다시 단 것을 찾는 악순환을 겪게 됩니다. 그만큼 설탕 끊기가 담배처럼 끊기 힘들고 담배만큼이나 몸에 해롭다고 합니다.

그런데 우리 주위에 보면 초콜릿, 크림과 설탕이 듬뿍 들은 커피, 케이크, 아이스크림 등 달콤한 음식을 좋아하는 사람들이 많죠. 이렇게 단 음식을 좋아한다고 말할 때는 **'I love sweets'**, **'I like sweet things'** 등으로 말할 수도 있지만 **'have a sweet**

She has a **sweet tooth**, but as she's rather fat, she must resist eating chocolate too often.

그녀는 단 음식을 좋아해요. 하지만 그녀는 정확히 말하자면 뚱뚱하기 때문에 너무 자주 초콜릿을 먹지 말고 견뎌야 해요.

tooth'라는 재미있는 표현도 있습니다.

그렇다면 첫 번째 그림에 있었던 **wisdom tooth**는? 바로 **사랑니**를 가리키는 말입니다. 우리나라에서는 사랑을 느낄 만한 나이에 나는 이라고 해서 사랑니라고 부르는데, 한자나 영어로는 '지혜로워질 즈음에 난다'라는 뜻으로 지치智齒, **wisdom tooth**라고 합니다.

You really have a sweet tooth.
너 정말 단 음식 좋아하는구나

그러다 너 뚱배 나온다

응... 요새 우울해.
일도 안 되고
여자친구한테도 차였어.

08 질질 끌지 말고 단칼에 끊어버려!

go cold turkey

: (나쁜 습관을) 단칼에 끊다

금연? 질질 끌지 말고 단칼에 끊으세요!
Cold turkey처럼!

보조제고 뭐고 필요 없어!
너란 놈은 단칼에!!!

삐바샤!

허걱!

연말이 되면 새해 결심New year's resolution을 되돌아보곤 하지요. 물론 지키지 못한 경우가 대부분입니다. 조사에 따르면 새해 결심을 지켜 성공하는 사람들은 약 8%에 지나지 않는다고 해요.

새해 결심 중 제일 지키기 어려운 건 단연 금연quit smoking일 겁니다. 연인 사이에서도 담배를 두고 싸움이 일어나곤 하지요. 그런데 가끔 주위에서 이 끊기 어려운 담배를 단칼에 끊었다는 사람을 볼 수 있어요. 금연한 사람이랑은 상종도 하지 말라했건만. 이렇게 '**나쁜 습관을 단칼에 끊었다**'고 할 때 쓸 수 있는 표현이 바로 '**cold turkey**'입니다.

cold turkey는 약물 중독에 빠진 사람이 갑자기 약물을 끊으면 피부가 창백해지고 닭살이 돋는 등 차가운 칠면조 고기 모습과 비슷해진다는 데서 유래했다고 해요.

이 표현은 **go(quit) cold turkey**의 형태로 쓰거나 또는 문장 뒤에 붙여서도 많이 씁니다. 힘들더라도 몸에 나쁜 습관들은 **cold turkey**로 단번에 **kick** 해버리세요!

I stopped drinking cold turkey

술 먹자고? 나 술 확 끊어버렸어.
몸이 이제 예전 같질 않아

......

the apple of my eye

: 가장 사랑하는 사람, 눈에 넣어도 안 아픈 존재

You're the apple of my eye!

넌 이 아빠가 가장 사랑하는 사람이란다!

미국은 세계 최대 규모의 사과 생산국 중 한 곳답게 **apple**이 들어가는 표현이 많습니다. 먼저 아끼고 사랑하는 존재에 대한 표현입니다. 특히 아이들에게 우리는 '**눈에 넣어도 아프지 않다**' 라는 표현을 쓰곤 합니다.

눈에 무엇이 들어가면 당연히 아프겠지만 그것마저도 아프지 않을 정도로 큰 애정을 가지고 있다는 거죠. 이와 똑같은 영어 표현이 바로 '**the apple of my eye**'입니다.

My cute little puppy is **the apple of my eye**.
내 귀엽고 작은 강아지는 내게 정말 소중해.

소중한 사람을 **apple**에 비유한 것은 그만큼 사과가 알칼리성 식품으로 비타민 C와 섬유질뿐 아니라 여러 가지로 건강에 좋은 영영가가 많은 만능 식품이기 때문일 겁니다.

우리말에도 '아침에 사과 한쪽은 금과 같다'는 말이 있죠. 미국 속담에도 똑같은 의미의 표현이 있어요.

An apple a day keeps the doctor away.

직역하면 매일 한 개의 사과는 의사를 멀리할 수 있다, 다시 말하면 사과는 영양가가 풍부해nutritious 매일 사과를 먹게 되면 건강해 병원에 갈 필요가 없다는 말입니다.

과일 중 가장 대중적인 두 과일은 사과와 오렌지를 꼽을 수 있겠죠. 그러나 두 과일은 모양과 맛 등이 전혀 다른 점에서 비

교가 안 되는 전혀 다른 두 가지를 가리키는 말로 **apples and oranges**라고 씁니다.

You are comparing **apples and oranges**.
They're totally different in many ways.
넌 서로 전혀 다른 걸 비교하고 있어. 그것들은 여러 면에서 완전히 달라!

Fred and Ted are like **apples and oranges**.
프레드와 테드는 서로 전혀 달라.

126

apples and oranges
서로 전혀 다른 두 사람(가지)

Comparing yourself to other people is like comparing **apples and oranges**.

너 자신을 다른 사람과 비교하는 것은 잘못된 거야

toss and turn

: 잠 못 들고 이리저리 뒤척이다

I am tossing and turning at night these days.

뒤척

뒤척

나라 걱정에…

연인 생각에…

걱정이 많으면 밤에 잠이 오질 않죠. **toss and turn**은 이렇게 **잠을 잘 이루지 못하고 몸을 뒤척이다**는 의미로 쓰는 표현입니다. **toss**에는 뒹굴다, 뒤치락거린다는 의미가 **turn**은 몸을 돌리다는 의미가 있습니다. 잠을 잘 못 이루고 뒤척인다는 **toss and turn**을 이용해 유명 연예인 조안 리버스는 이런 농담도 했었지요. **"I have no sex appeal, if my husband didn't toss and turn, we'd never have had the kid."** "전 성적 매력이 없는데 제 남편이 밤에 뒤척이지 않았다면 저희는 아이를 갖지 못했을 겁니다"라는 뜻이죠.

반대로 세상 모르게 자다, 푹 자다라고 말할 때는 **sleep like a log**라는 표현을 씁니다. **log**는 통나무인데 통나무는 살아 움직이지 않지요. 그래서 꿈쩍도 않고 푹 자다, 라는 의미를 통나무에 비유해서 말합니다.걱정이 많으면 밤에 잠이 오질 않죠.

오~ 저 통나무 친구 꿈쩍 않고 잘 자네…

ㅋㅋㅋ

1. 다음 문장을 해석하고 설명에 맞는 인물을 보기에서 골라 적으세요.

A. She is quite tall and slim

B. She's only chubby, not truly fat.

C. She used to be in such good shape, but now she's got love handles.

2. 다음 문장의 빈칸을 보기에서 알맞은 표현을 찾아 완성해 보세요.

· cold turkey   · gut feeling   · sweet tooth
· to break the ice   · tossed and turned

A. Add more honey if you have a _____ .
단 것을 좋아하신다면 꿀을 더 넣으세요.

B. I quit smoking _____.
나는 담배를 딱 끊었습니다.

C. _____, I talked about the weather.
저는 서먹서먹한 침묵을 깨기 위해 날씨 얘기를 꺼냈죠.

D. I have a _____ he's hiding something.
그가 무엇인가 숨기는 것 같은 직감이 들어요.

E. I _____ all night last night.
나는 전날 밤 밤새 뒤척이며 잠을 못잤어요.

[정답] 1. A-그녀는 키가 크고 날씬합니다(c), B-그녀는 뚱뚱하진 않고, 그저 통통할 뿐입니다(b), C-그녀는 몸매가 좋았었는데, 이제는 배둘레햄이 생겼어요(a) 2. A-sweet tooth, B-cold turkey, C-to break the ice, D-gut feeling, E-tossed and turned

3. 해석을 보고 적합한 문장을 연결하여 전체 문장을 완성하세요.

A. My daughter is   •

내 딸은 눈에 넣어도 아프지 않을 정
도로 사랑스러워요.

B. What's the matter, dearie   •

무슨 일이야, 여보. 왜 꿀 먹은 벙어
리가 됐어?

C. Don't ask so many questions   •

그렇게 많은 질문을 하지 마.
과도한 호기심은 몸에 해로워!

D. I can't tell which one is better   •

그 두 개가 서로 비교할 수 없는 대
상이라 어떤 것이 더 좋은지 말할 수
가 없습니다.

E. I was so tired that   •

전 너무 피곤해서 세상모르고 잤습
니다.

• a. Curiosity killed
the cat!

• b. because they
are apples and
oranges.

• c. I slept like a log.

• d. cat got your
tongue?

• e. the apple of my
eye.

4. 보기에서 알맞은 단어를 골라 문장을 완성하세요.

·cheapskate   ·fishy   ·hunch   ·muffin

A. I smell something _____ around here.

여기 뭔가 좀 수상한데요.

B. I have a _____ that it will rain this afternoon.

오늘 오후에 비가 올 것 같은 예감이 들어요.

C. He is such a _____ that he refuses to tip waiters.

그는 아주 구두쇠라서 웨이터들한테 팁도 주지 않습니다.

D. Jennifer is trying to lose her _____ top.

제니퍼는 그녀의 뱃살을 빼려고 노력 중이에요.

[정답] 3. A-e, B-d, C-a, D-b, E-c   4. A-fishy, B-hunch, C-cheapskate, D-muffin

PART 04

뉴욕에서도 바로 써 먹는
회화2

01 영화관에선 다른 사람을 위해 조용히!

zip your lip

: (그만 떠들고) 조용히 해라

134

영화관 같은 공공장소에서 너무 시끄럽게 떠들면 다른 사람에게 피해를 줄 수 있지요.

만약 입술에 지퍼zipper나 단추button가 달려 있다고 상상해 보세요! 그 지퍼를 닫거나 단추를 잠그면 금방 조용해지겠죠?

Zip your lip(mouth), Button your lip은 친한 친구 사이나 부모님이 아이들에게 그만 떠들고stop talking 조용히 하라be quite는 뜻으로 쓸 수 있는 표현입니다.

이 말은 공손한 표현은 아니므로 아무에게나 써서는 안 됩니다! 만약 쓴다면 **please**를 붙이는 게 좋아요.

만약 영화관에서 모르는 사람이 너무 떠든다? 그러면 **Would you please be quite? Keep your voice low(down), please!** 등의 표현을 쓰세요.

저기요, 여기서 이러시면....
Would you please be quite?

조용히 하라는 뜻으로 쓸 수 있는 또 다른 표현으로는 **pipe down**이 있습니다.

옛날 배에서는 바람과 파도 소리에 의미전달이 잘 안 되어 명령을 내릴 땐 갑판장boatswain이 피리pipe나 호각whistle을 불곤 했습니다. 선원을 모두 갑판deck 위로 집합, 해산시킬 때 이 **pipe**를 사용했는데 특히 밤에 잠자리에 들라는 명령을 내릴 때 **pipe**를 불면 선원들이 조용해진데서 이 표현이 유래되었다고 해요.

1890년경 사관생도들에게 정숙하라는 명령을 내릴 때 **pipe down**이라는 말을 쓰기 시작했고 이 표현이 지금까지 이어지고 있다고 합니다.

Obama's people heckled back until he told them to pipe down.

오바마 지지자들은 그가 그들에게 조용히 해달라고 말할 때까지 야유를 보냈습니다.

nosy

: 참견 잘하는, 참견하길 좋아하는

신체에 관한 재미있는 표현 몇 가지 살펴볼까요?

어디에나 남의 일에 필요 이상으로 **참견하길 좋아하는 사람들**이 있죠. 이런 사람들은 '코'를 뜻하는 **nose**에 **y**를 붙여 **nosy** (=nosey)하다고 합니다.

왜 그럴까 한번 생각해 봐요. 사람들의 일에 참견하고 끼어들려고 코부터 들이미는 모습을 상상해 보면 왜 **nosy**라고 하는지 이해가 되시죠?

My neighbors are very **nosy**.
내 이웃들은 남의 일에 관심이 많아요.

Don't be so **nosy**. It's none of your business.
그렇게 꼬치꼬치 캐묻지 마. 너와 상관없는 일이야.

all ears
경청하다, 열심히 듣다

all thumbs
손재주가 없는

귀에 관련한 표현으로는 **I am all ears**가 있습니다.

만약 우리 몸이 귀로만 되어 있으면 어떤 소리나 말도 빠뜨리지 않고 잘 들을 수 있겠죠. 그래서 **be all ears**는 상대방의 말에 귀 기울여 열심히 듣고 있다는 뜻입니다.

그럼 손가락이 모두 두꺼운 엄지thumb로 되어 있으면 어떨까요? 어떤 일을 하든지 무척 불편하겠죠.

그래서 **be all thumbs**는 어떤 일에 **서투르다, 손재주가 없다**는 뜻으로 쓰는 표현입니다. 우리나라에선 손재주가 없는 사람을 '곰손'이라고 부르는데, 곰손과 같은 뜻이라고 보면 됩니다.

03 철 좀 들어! 나잇값 좀 해!

Act your age

: 나잇값 좀 해! 나이에 맞게 행동하세요

grow는 자라다, 성장하다는 뜻이죠. 여기에 **up**을 붙임으로써 끝까지 도달하는 느낌이 듭니다.

그래서 **grow up**은 외형적으로 '완전히 성장하다'라는 뜻도 되고 내면적으로는 '철이 들다'라는 뜻으로도 쓰입니다.

사리분별을 제대로 못하고 아이들처럼 제멋대로인 사람에게, 주로 윗사람이 아랫사람에게 '철 좀 들라'는 의미로 **grow up!**이라고 합니다.

Stop acting like a child.
Grow up!
애들처럼 굴지 말고 철 좀 들어!

Men don't grow up.
They just get bigger.

남자는 철들지 않아요! 그냥 몸만 커지는 거죠!

grow up과 비슷한 뜻으로 쓰는 표현으로 Act your age가 있습니다.

나이에 걸맞게 행동해라, 나 잇값 좀 해라, 라는 뜻입니다.

그런데 이 말은 'Act your age, not your shoe size'라고 말하기도 하는데요.

그런데 왜 하필 신발 지수에 비교해서 말하는 걸까요?

미국에서는 신발 치수가 우리와 다르게 보통 10 내외의 숫자로 표시한답니다. 신발 크기에 빗대어 3~9세의 어린애처럼 행동하지 말라는 얘기죠.

하지만 나이가 들어갈수록 때로는 나이를 잊고 젊은 마음을 갖고 살아가는 것도 필요합니다.

The older you get, the more important it is to not act your age.
나이가 들어 갈수록 더욱 중요한 건 당신 나이에 맞게 행동하지 않는 것이다.

그래서 **Act you age, not your shoe size**를 거꾸로 한,

Act your shoe size, not yoru age!란 표현이 오히려 멋지
게 느껴지기도 합니다.

Don't bug me!

: 귀찮게 하지 마, 괴롭히지 마

146

'날 귀찮게 하지 마!'라고 말하고 싶을 때가 있죠? 같은 뜻의 영어 표현이 재미있습니다.

여름이 되면 나타나는 모기나 파리 같은 벌레bug는 윙윙buzz 거리며 주위를 맴돌면서 성가시고 산만하게 만들어, 사람에겐 대단히 귀찮은 존재들이죠. 그래서 벌레라는 뜻의 **bug**를 동사로 쓰면 '**상대방을 귀찮게 하다, 방해하다**'라는 뜻이 됩니다.

날 귀찮게 하지 말라는 의미로 **bother**를 써서 **Stop bothering me! Don't bother me**라고 해도 되지만 **bug**를 써서 **Stop bugging me! Don't bug me!**라고 많이 씁니다.

참고로 귀찮게 하는 상대에게 저리 좀 가버려, 꺼져!라고 할 때 **bug**와 관련된 표현으로 **bug off, buzz off** 등이 있습니다.

에프킬라 같은 방충제는 일반적으로 **bug spray**라고 하는데 **mosquito spray**라고 해도 됩니다. 파리채는 **fly swatter**라고 하고 요즘 많이 각광받는 전기 파리채는 **electric fly swatter**라고 합니다.

bug는 또 도청장치wiretap, 노청하다, 라는 뜻으로도 쓰이는데 도청장치가 얼핏 보면 작은 벌레 같기 때문이죠.

컴퓨터를 하다보면 가끔 프로그램이나 시스템의 착오, 혹은 오동작되는 것을 볼 수 있는데요, 이의 원인이 되는 프로그램의 오류를 **bug**라고도 하지요.

사랑하는 사람이 무언가에 빠져 열심히 하고 있을 때 또는 혼자만의 시간을 가지려고 할 때 상대방에게 **bug**와 같은 존재가 되면 안 되겠죠?

사랑한다면 **bug**처럼 곁에서 귀찮고 성가시게 하지 마시고 때로는 혼자 충분하게 쉴 틈을 주세요. 안 그러면 지친 상대가 떠날지도 모르니까요.

이 게임엔 **bug**가 너무 많아!
제대로 안 되는 것 투성이야!

There is a **bug** in the phone!
도청장치야!

slob

: (지저분한) 게으름뱅이

게으른 사람lazy person들은 집에서나 직장에서나 같이 지내는 사람들로부터 사랑받기 힘들죠.

이런 사람들은 정리정돈하고 담을 쌓아 책상은 항상 엉망이고messy 자신의 외모를 가꾸는 데도 게을러서 잘 씻지도 않고 뚱뚱한데다가 음식을 옷에 잘 묻히거나 흘리고 다니기 일쑤며 일의 뒤처리도 깔끔하게 못 합니다.

이렇게 어딜 가나 굼뜨고 어지럽히기만 하며 단정치 못한 모습을 해 주위 사람들에게 불쾌감을 주는 사람을 가리켜 **slob**이라는 표현을 씁니다. 성숙하지 못하고immaturity, 다른 사람에 대한 배려consideration나 책임감responsibility이 부족하다고 볼 수 있는 타입인 거죠.

sloth
나무늘보

게으른 사람을 뜻하는 표현으로 집에서 소파에 앉아 대부분의 시간을 TV나 보며 보내는 사람을 가리키는 **couch potato**를 빠뜨릴 수가 없죠.

  couch는 소파를 뜻하고 **potato**는 TV를 볼 때 주로 감자칩을 많이 먹는 것에서 유래한 표현입니다. 아마 외국 영화에서 많이 보셨을 겁니다. 다른 말로 **sofa spud**라고도 합니다. **spud**는 감자를 뜻하는 또 다른 말이에요.

  게으른 사람을 가리키는 말 중에 **lazybones**란 표현도 있습니다. 천성이 게으르다는 의미를 내포하고 있는데 흑인들이 많이 쓰는 표현이라고 해요.

slob과 반대로 위생관념이 너무 지나친 사람에겐 **neat freak**
이란 표현을 씁니다.

neat는 정돈되고 깔끔한이란 의미이고 **freak**는 '~에 열광하
는 사람, 별종, 괴짜'라는 뜻이죠. **neat freak**는 도가 지나칠 정
도로 깔끔 떠는 사람, 결벽증 환자를 가리킵니다.

neat freak
결벽증 환자, 지나치게 깔끔 떠는 사람

Don't be (a) chicken!

: 겁쟁이처럼 굴지 마! 겁내지 마!

요즘엔 영어 잘하는 사람이 많지만 예전엔 외국인이 말을 걸어오면 놀라서 새가슴이 되어 도망가는 사람들이 많았어요.

한국어에서는 사람을 닭에 비유할 때 보통 멍청하다는 뜻의 '닭대가리'라는 말을 쓰는데요. 영어에서는 겁쟁이를 비유할 때 닭처럼 행동한다는 말을 쓴다고 합니다. 겁이 많고 잘 놀라서 도망가기 일쑤인 **겁쟁이**coward를 닭에 빗대어 **chicken**이라고 부릅니다.

닭이 별것도 아닌 일에 우르르 도망 다니는 모습을 상상하시면 쉽게 이해가 될 겁니다.

영화 〈백투더퓨처〉 2, 3편에서 극중 마티가 누군가 chicken 이라고 부르면 이성을 잃고 화를 크게 내며 Nobody calls me chicken! 누구도 날 겁쟁이라고 못 부른다고 말하는 모습이 나 오죠.

이 chicken에 out을 붙이면 꽁무니를 내빼다는 뜻으로 동사 (구)로도 쓸 수 있습니다.

Steve was going to go bungee jumping, but he chickened out at the last minute.
스티브는 번지점프를 하려 했으나 막판에 꽁무니를 내뺐습니다.

He's a wimp when it comes to riding rollercoasters.
롤러 코스터 타는 것에 관해서 그는 완전 겁쟁이예요.

청소년들 사이에선 소심한 놈, 겁쟁이, 약골이란 뜻으로 wimp란 단어도 많이 씁니다.

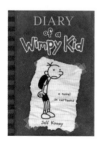

wimp는 조용한 소리로 훌쩍이다, 훌쩍이 며 말하다, 라는 뜻의 동사 whimper에서 나 온 말로 《윔피 키드Wimpy kid》란 제목의 유명 한 베스트셀러도 있습니다.

주인공 그레그는 마른 체형에 때론 소심하

고 나약한 모습을 보여서 **Wimpy kid**란 별병을 가지게 된 것입니다.

용기가 필요할 때 움츠러들어도 안 되지만 너무 무모하게 덤벼드는 것도 자만이 될 수 있지 않을까요.

진짜 필요할 때 용기를 내는 게 중요하겠죠!

bad breath

: 입 냄새, 구취

입 냄새나는 사람과 말하는 건 참 고역이죠. 그냥 꾹 참고 계속 이야기하기도 쉽지 않고 입 냄새난다고 가서 양치질 하라고 대놓고 이야기할 수도 없는 노릇이니까요.

입 냄새는 영어로 뭐라 할까요?

냄새니까 **smell**을 쓸 것 같지만 숨을 쉴 때 입에서 나오는 '입김'을 뜻하는 '**breath**'를 써서 **bad breath**라고 합니다. 아침에 일어나면 나는 입 냄새는 **morning breath**라고 하지요.

우리 딸 잘 잤니?

웃! 아빠, morning breath!

아주 친한 사이가 아닌 이상 입 냄새나는 사람에게 **You have bad breath**라고 직접 말하는 건 힘들어요. 조금 거리를 두거나 숨을 잠시 멈추는 것도 요령이 될 수 있겠네요. '숨을 잠시 멈추다'라고 할 땐 **hold one's breath**라고 합니다.

숨이 가쁘다고 할 때에는 **out of breath**라고 합니다. 가만 생각해 보세요. 숨이 차면 숨을 막 몰아서 헉헉, 쉬게 되잖아요. 그럼 숨이 몸 밖으로 마구마구 나오는 셈이니까요.

앞에서 말씀드린 것처럼 입 냄새난다고 할 때 **bad breath**라고 하면 그나마 예의를 갖춘 표현입니다. 여기에다 **stink**를 같이 쓰면 아주 직설적이고 무례한 표현이 됩니다.

입 냄새 문제는 연인이나 부부 사이에도 말해주기가 참 껄끄러운 부분이죠. 어떤 부부의 경우 센스 있게 '**Go brush your teeth so I can kiss you.** 이를 닦고 와야 키스라도 하지'라고 말한다고 합니다.

입 냄새가 심하면 가장 먼저 의사를 찾아 원인을 찾아야 해요. 단순 청결 문제가 아니라 질병이 원인일 수도 있기 때문이죠. 모쪼록 다들 건강한 구강관리 하세요!

08 수다쟁이 vs 과묵맨

chatterbox

: 수다쟁이

말이 너무 많아서 주위 사람들을 피곤하게 만드는 사람들이 있습니다.

이러한 말 많은 사람들talkative person은 영어로 어떻게 표현하면 될까요?

인터넷을 통해 사람들과 대화를 나누는 것을 채팅chatting이라고 합니다.

chat은 친구와 이야기를 나누다, 수다를 떨다는 뜻이고 수나나 잡담은 chatter라고 해요. 그래서 수다스러운chatty 사람에게 chatterbox라는 표현을 씁니다.

motormouth라는 표현도 있어요.

우리도 끊임없이 속사포처럼 떠들어 대는 사람을 가리켜 속어로 따발총이라는 표현을 쓰죠.

같은 맥락으로 입mouth에 모터motor를 단 것처럼 잠시도 쉬지 않고 따따따따 수다를 떠는 사람을 가리켜 motormouth라고 하기도 합니다.

따따따 따따 따 따

수다쟁이 중에 특히 남의 이야기를 하기 좋아하는 사람에게 **big mouth**라는 표현을 써요.

이런 사람들은 입이 가벼워 비밀을 잘 못 지키니까 말조심 하는 게 좋겠죠?

실제로 행동은 하지 않으면서 말만 뻔지르르하게 잘하는 사람에게는 **all mouth**라는 표현을 쓰기도 합니다.

말이 많은 사람을 가리켜 **talker**라는 표현도 씁니다.

He's a talker! 그는 말이 많아!

한편 말수가 적은 사람은 반대로 **not**를 써서 표현할 수 있죠.

He's all mouth.

그는 입만 살았어. 말뿐인 사람이야.

He's not (much of) a talker.

우리 오 대리는 말수가 적어. 과묵해.

09 뿡뿡! 치즈를 자르면 방귀냄새가 난다?

cut the cheese

: 방귀를 뀌다

166

생뚱맞게 치즈를 자르다니cut the cheese, 도대체 무슨 뜻일까요? 바로 '방귀를 뀌다'라는 뜻으로 쓰는 표현입니다.

일반적으로 방귀를 뀌는 것은 **fart**라는 단어를 주로 쓰고 그 밖에도 **gas, break wind, cut the cheese**라는 표현을 씁니다.

치즈는 상하기 쉬워 보통 겉을 코팅해 둡니다. 그 상태로는 별 냄새가 없는데, 치즈를 먹기 위해 자르는 순간 방귀 냄새와 비슷한 고약한 냄새가 나기 때문에 방귀를 뀌는 것에 빗대어 표현하게 되었답니다.

방귀를 함부로 뿡뿡, 뀌는 것만큼 매너 없는 행동을 꼽으라면 단연 트림입니다. **belch**라는 표현도 있는데 친근한 사이에선 **burp**란 단어를 많이 씁니다.

우리나라에서는 그나마 트림하는 것에 비교적 관대한 편이지만 미국에서는 식사 중에 **burp**하는 것이 상당히 무례한rude 행동으로 간주되기 때문에 조심해야 합니다. 실수로 트림을 하게 되었다면 얼른 **Excuse me**라고 사과하는 게 좋습니다.

반면 미국에서는 식사 중에 코를 팽팽 풀어대도blow one's nose 별로 더럽거나 매너 없는 행동이라고 생각하지 않습니다. 이런 게 바로 문화 차이라고 할 수 있겠죠?

have/get ants in your pants

: 잠시도 가만히 있지를 못하다, 안절부절못하다

만약 개미떼가 바지 안으로 들어간다면 기분이 어떨까요? 아마도 잠시도 가만히 있지 못하고 안절부절못하는 상황이 될 것입니다.

ants in your pants, '바지 속의 개미들'은 이런 심리 상태를 표현하는 말입니다.

주로 **걱정되고 불안한 상태**를 표현하는 말이지요.

반대로 너무 기대되고 신이 나서 얌전히 있지 못하고 어수선하게 굴 때 부산떨지 말고 얌전히 있으라는 뜻으로도 쓸 수 있습니다.

ants에 **y**를 붙여 **antsy**라고도 쓰는데 뜻은 **have ants in the pants**와 마찬가지로 기다리느라 조급해지고, 지루하고, 긴장이 되어 안절부절할 수 없을 때 쓸 수 있는 표현입니다.

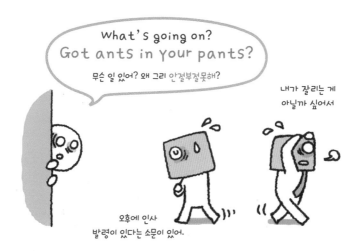

169

영화 〈쥬라기 공원〉에 출연했던 배우 샘 닐은 이런 말을 남기기도 했죠.

I get very antsy and nervous if I don't know what the next job is.

전 다음에 무슨 일을 할지 모르면 매우 안절부절못하고 불안, 초조해집니다.

너무 불안, 초조해하지 마세요!

Don't get antsy!

다 잘 될 거라는 믿음을 가지고 살자고요!

1. 다음 그림을 보고 빈칸에 앞에서 배운 표현을 기억해 삽화 속 말풍선을 채워보세요.

A. He is so _____.

그는 진짜 참견하기 좋아해!

B. He has _____
.

그는 입 냄새가 나는군!

C. I'm _____!

열심히 듣고 있어요!

2. 그룹 **A**의 문장과 관련 있는 그룹 **B**의 문장을 고르세요.

A	B
a. Don't be so nosy.	① She loves to talk
b. I'm all ears.	② She can't keep a secret.
c. She has a big mouth.	③ It's none of your business.
d. She's a chatterbox.	④ Tell me about it.
e. He is a lazybones.	⑤ He has no plans to look for work.

[정답] 1. A-nosy, B-bad breath, C-all ears   2. a-③, b-④, c-②, d-①, e-⑤ / Don't be so nosy—it's none of your business(그렇게 꼬치꼬치 캐묻지 마. 너하곤 상관없는 일이야), I'm all ears. Tell me about it(들어줄게요. 말해보세요), She can't keep a secret. She has a big mouth(그녀는 비밀은 못 지킨다. 입이 싸다), She's a chatterbox, loves to talk(그녀는 수다쟁이야. 말하는 것을 좋아해요), He is a lazybones. He has no plans to look for work(그 사람은 게으름뱅이입니다. 일자리를 구할 계획이 전혀 없어요)

3. 다음 문장에 맞는 영단어를 보기에서 찾아 문장을 완성하세요.

·bad   ·blow   ·bug   ·catch   ·hold   ·out   ·thumbs

A. _____ your nose carefully
   코를 가볍게 풀어 보세요.

B. I can _____ my breath for 3 minutes under water.
   전 물속에서 3분 동안 숨을 참을 수 있습니다.

C. I'm all _____ when it comes to gardening.
   전 정원 가꾸는 일에는 전혀 재주가 없어요.

D. He was _____ of breath from running.
   그가 달리기를 하고 나서 숨을 헐떡거리고 있었습니다.

E. Don't _____ me!
   나 좀 성가시게 하지 마!

4. 보기에서 맞는 표현을 찾아 문장을 완성하세요.

·act   ·blow   ·bugged   ·burp   ·chickens   ·cut

A. _____ your age in front of the kids.
   아이들 앞에서 채신없이 굴지 마세요!

B. He always _____ out at the last minute.
   그는 늘 막판에 가서 꽁무니를 뺍니다.

C. Man, who _____ the cheese?
   이봐, 누가 방귀 뀌었어?

D. She felt her phone was _____ and her house was _____.
   그녀는 그녀의 전화기와 집이 도청당하고 있다고 느꼈습니다.

E. Soft drinks make people _____ .
   탄산 음료는 사람들을 트림하게 만듭니다.

[정답] 3. A-blow, B-hold, C-thumbs, D-out, E-bug   4. A-act, B-chickens, C-cut, D-bugged,
E-burp

PART 05

열심히 사는 당신, 힘내라!

01 사람을 때리지 말고 이제부터 책을 때려요!

hit the books

: 열심히 공부하다

"영화나 한 편 때릴까?"

"낮잠 한 판 때릴까?"

"월말인데 회식 한 판 때릴까?"

이렇게 우리는 '때리다'란 말을 **어떤 일을 시작하다, 실행하다**의 의미로 쓰곤 하죠. 우연처럼 영어에서 **'hit'**도 같은 의미로 쓰는 경우가 많습니다.

먼저 **hit the road**란 표현이 있습니다.

길을 나서다, 출발하다, 돌아가다, 여행을 떠나다는 의미입니다. **hit**이 시작하다to start, to begin, 떠나다to leave라는 의미로 쓰인 것이죠.

이 표현은 옛날 카우보이들이 말을 타고 길을 나설 때 말을 채찍으로 내리치는hit데에서 비롯된 **hit the trail**에서 유래되었다고 합니다.

Let's hit the road!

자! 떠나 보자고!

레이 찰스가 부른 'Hit the road, Jack'이란 유명한 노래가 있죠. 여기선 못된 여자로부터 떠나가 버려, 다신 돌아오지 말라는 뜻으로 쓰였답니다.

'열심히 공부하다'라고 말할 때도 hit을 써서 hit the books라고 합니다. 책에 얼굴을 파묻고 씨름 하는 걸 말합니다. 시험이 코앞에 닥쳤을 때 공부를 열심히 해야 한다고 할 때 많이 쓰지요.

I have the TOEIC exam next month,
so I really have to
hit the books this month!

나 다음 달에 토익 시험 있어서
이번 달엔 정말 열심히 공부해야 해!

뭐?
날 hit한다고?

이러지 마…

hit the sack(hay)은 잠자리를 청하다, 라는 뜻입니다.

sack은 부대, 자루를 뜻하는 말이지만 침대, 매트리스를 뜻하기도 해요. 옛날 사람들이 건초를 채운 부대나 자루에서 잠을 청하곤 했는데 그 건초를 골고루 퍼지게 하려고 때린 데서 유래한 표현이죠.

배움에는 끝이 없다고 하지요. 여러분은 마지막으로 열심히 책과 씨름하며 공부하신 게 언제인가요?

kick the bucket

: 죽다

죽기 전에 해야 할 일들은 왜
버킷리스트라고 부르는 걸까?

어? 지금
날 찬 거야?

종종 유명 연예인이 스스로 목숨을 끊었다는 소식이 주위를 안타깝게 하곤 합니다. 이번엔 '죽었다'는 뜻의 여러 가지 영어 표현을 알아보기로 해요.

우리말로 누가 죽었다고 할 때 죽었다는 직접적인 표현보다는 **숨을 거두다, 하직하다, 삶을 마감하다** 등 완곡하게 표현하는 경우가 많죠. 영어도 마찬가지입니다.

우리가 어르신들께 돌아가시다란 표현을 쓰듯이 영어권에선 **pass away**란 표현을 많이 씁니다.

My grandfather **passed away** last month.

할아버지가 지난달 돌아가셨어.

'죽다die'란 뜻으로 사용하는 또 하나의 관용적 표현으론 **kick the bucket**입니다.

bucket은 우리가 흔히 '바께스'라고 부르는 양동이죠.

얼마나 감성적인 표현이야.
인생은 그저 잠깐 지나가 버리는 거잖아.
왔던 곳으로 돌아가는 거고….

pass

away

맞아….

이 표현의 가장 유력한 유래는 중세시대 서양의 교수형 관습입니다.

교수형을 당하는 사람은 목에 밧줄이 감긴 채 나무로 만든 양동이 위에 올라섰습니다.

형 집행인이 양동이를 발로 차버리면kick the bucket 자연히 죄수의 몸이 허공으로 떨어지며 죽음을 맞게 되는 것이죠. 스스로 목숨을 끊을 때도 이런 방법을 썼다고 해요.

이런 연유로 **kick the bucket**이 죽음을 맞이한다는 뜻으로 쓰이게 되있다고 합니나.

I still can't believe that he **kicked the bucket**.
나는 그가 죽었다는 사실을 아직도 믿을 수 없어요.

잭 니콜슨과 모건 프리먼이 나오는 〈버킷 리스트〉란 영화가 있죠. 이 영화 제목은 바로 **kick the bucket**이라는 표현에서 **bucket**을 빌려와 **bucket list**라는 새로운 용어를 만들어 냈고 영화가 유명세를 타면서 '죽기 전에 하고 싶은 것들'이라는 표현으로 널리 쓰이게 되었습니다.

03 누구에게나 쓰라린 경험, 페이퍼 컷

I got a paper cut

: 종이에 손을 베었어요.

책을 넘기거나 종이를 만지다가 잘못해서 손가락을 베인 경험, 누구나 한 번씩 있을 겁니다. 이런 상처를 **paper cut**이라고 하는데요. 종이뿐 아니라 알루미늄 캔이나 풀잎같이 얇고 날카로운 것에 긁힌 상처를 통틀어 부르는 말입니다.

paper cut에 붙이는 반창고_{plaster}는 우리가 흔히 데일밴드라고 부르듯 미국에서도 **Band-Aid**라는 특정 회사의 상표명으로 많이 부른답니다.

반창고는 1920년에 '얼 딕슨_{Earle Dickson}'이라는 사람이 처음 개발했다고 해요. 그의 아내가 요리하면서 자주 손을 베이는 것을 보고 스스로 치료할 수 있는 방법을 고민하다가 고안해 냈는데 몇 년 후 상품화되면서 인기를 끌기 시작한 것이랍니다.

keep up with the joneses

: 남부럽지 않게 살려고 애쓰다, 허세 부리다

jones는 미국에서 흔한 보통 사람을 거론할 때 쓰는 이름입니다. 우리로 치면 영희나 철수, 영수라고나 할까요? **the+성**의 복수 형태로 쓰면 '~씨 부부, ~씨 가족'이란 뜻이 되죠.

그래서 **the jones**는 '평범한 가정'을 말하고 여기에 복수형 **the joneses**는 이웃 사람들을 가리키는 말입니다.

keep up the joneses에서 **keep up with**는 '~와 보조를 맞춘다, 따라가다'란 뜻입니다.

keep up with the joneses는 1913년 A.R. 모맨드가 미국에서 〈글로브〉지에 연재한 만화로 한 가족이 잘 사는 집안 well-to-do class 이었던  존스 씨네 가족을 따라 남부럽지 않게 살아보려 노력하는 내용을 코믹하게 담은 작품입니다.

이 만화가 시초가 되어 **keep up with the joneses**가 이웃에 뒤지지 않으려 안간힘을 쓰다, 이웃에 뒤지지 않으려 허세를 부리다, 분수 이상의 생활을 하다 등의 뜻으로 일반인들에게 널리 쓰이게 되었습니다.

특히 우리나라 사람들은 체면을 중시하고 옆집이나 친한 사람들이 뭔가를 하면 뒤처지지 않으려고 따라 하는 경향이 많죠.

'뱁새가 황새를 따라가려다가 가랑이가 찢어진다'라는 말처럼 일종의 허영심에서 나오는 경쟁의식과 소비형태를 꼬집을 때 쓸 수 있는 표현입니다.

go bananas

: 열광하다, 흥분하다, 머리가 획 돌다(=go crazy)

Let's go Korea!
Let's go bananas!

쟤, 약 먹었나?
어떻게 저렇게
미친 듯이 잘하지?

올림픽이 있는 해에는 연초부터 올림픽에 대한 기대감으로 분위기가 달아오르죠.

go bananas는 어딘가 푹 빠져서 정신을 못차릴 정도로 **열광하다, 흥분하다 또는 화 내다**는 뜻으로 쓰는 표현인데 원숭이들이 바나나를 얻고 너무 좋아서 어쩔 줄 모르며 꽥꽥대며 흥분하는excited 모습에서 비롯된 것으로 추측하고 있습니다.

우리나라 선수들을 응원할 때는 보통 파이팅하라는 뜻으로 **Go Korea!, Let's go Korea!**라고 합니다만 신들린 듯 금메달을 따내라는 응원의 의미로 **'Let's go bananas!'**라는 표현도 쓸 수 있죠!

반대로 화가 나 미치다, 제정신이 아니다는 뜻으로도 쓸 수 있습니다.

top dog

: 경쟁의 승자, 우세한 쪽

이번 승부의 top dog는 바로 나!

삼성과 LG, 애플 등이 새로운 스마트폰을 공개할 때마다 누가 최고의 스마트폰인가 갑론을박이 벌어집니다. 앞서거니 뒤서거니 스마트폰 왕좌를 차지하기 위한 치열한 경쟁 구도를 보여주고 있습니다. 덩달아 이번엔 누가 **top dog**가 될 것인가에 대한 기사들도 쏟아지지요.

여기서 '**top dog**'는 '**승자, 최고, 우세한 쪽**'을 가리키는 표현입니다. 반대로 전력상 불리하거나 질 것 같은 사람, 약자, 패배자는 '**underdog**'라는 표현을 씁니다. 그런데 왜 승자와 패자를 가리키는 말에 **dog**를 쓰게 된 것일까요?

두 단어 모두 19세기 투견장에서 나온 말로 이긴 쪽을 **top dog**, 싸움에서 져 밑에 깔린 쪽을 **underdog**라고 부른 것에서 유래되었다고 합니다.

The winner was Huh Gak who seemed like
an **underdog** when he faced John Park as
the last Competitor of the show.
우승자는 마지막 경쟁자로 존박을 마주했는데 상대적으로 이길

가능성이 낮았던 허각이 우승했습니다.

　사람들은 강자the mighty보다는 약자the weak를 응원하고 싶은 마음이 드는 경향이 있는데 그것은 대다수의 사람들이 자신을 언더독, 즉 약자로 생각하기 때문입니다.

get/have itchy feet

: (여행이나 다른 곳을 가고 싶어) 안달나다, 발이 근질거리다

우리는 참기 어려울 정도로 자꾸 어떤 일을 하고 싶을 때 '몸이 근질근질하다'는 표현을 쓰죠?

영어에선 '발이 근질근질하다'는 'have itchy feet'란 표현을 어디 가고 싶어 안절부절못하다, 방랑벽_{wanderlust}이 있다는 뜻으로 씁니다.

여행하고 싶은 욕망이나 방랑하는 습관을 itchy feet에 비유한 재밌는 표현이죠.

Jennifer must have itchy feet.
She wants to take off for somewhere again.
제니퍼는 역마살이 끼었는지 또 어디론가 떠나고 싶어해요.

발과 관련된 단어는 또 뭐가 있을까요?

무좀은 영어로 athlete's foot이라 합니다. 직역하면 '운동선수의 발'이 되죠.

보통 장시간 훈련으로 발이 땀과 열에 오래 노출되는 운동선수들이 무좀에 많이 걸린다하여 운동선수란 뜻의 athlete를 써서 athlete's foot이라고 합니다.

1930년대 한 무좀약 광고에 지속적으로 사용되면서 널리 쓰이게 되었다고 합니다.

무좀에 걸리면 발 냄새가 심해지죠. 그럼 '발 냄새 나!'는 영어로 어떻게 표현할까요?

smell이나 stink _{고약한 냄새가 나다}를 써서 다음과 같이 얘기할 수 있어요. **Your feet stinks! You feet smells!**

무좀의 원인으론 곰팡이_{fungus}가 있습니다. 발에 물기가 있고 따뜻할수록 무좀이 생길 가능성이 크다고 해요. 매일 발을 씻고 확실히 말려주세요!

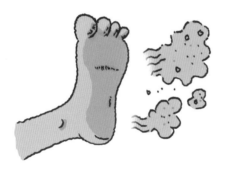

page turner

: 흥미진진한 책

페이지 터너page turner는 클래식 음악 연주회에서 피아노 연주자 옆에 앉아 연주자를 위해 악보를 넘겨주는 사람을 가리키는 말입니다. 연주자에게 없어서는 안 될 소중한 존재라 할 수 있죠.

영화 〈페이지 터너〉의 한 장면

그런데 이 페이지 터너에는 다른 뜻도 숨겨져 있습니다. 말 그대로 페이지를 턴turn, 즉 책장 넘기기 바쁠 정도로 흥미진진한 책을 가리키는 말이기도 합니다.

You should read this book! It's a real page turner!
너 이 책 읽어봐야 해! 진짜 흥미진진한 책이라고!

이렇게 재미있는 책들에 빠지면 좀처럼 내려놓을 수가 없죠.

이럴 때 자주 쓰는 표현이 **I can't put it down**입니다.

요즘은 이 표현을 책보다는 게임기나 스마트폰에 쓰는 게 더 적절할 것 같군요.

 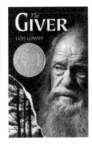  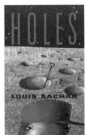

에릭 심이 추천하는

10 Great Books
You won't be able to
put down

《The Catcher in the Rye》(호밀밭의 파수꾼), 《The Giver》(더 기버), 《Hatchet》(손도끼), 《Holes》(구덩이), 《Charlie and the Chocolate Factory》(찰리와 초콜릿 공장), 《The Phantom Tollbooth》(팬텀 톨부스), 《Moon Over Manifest》(매니페스트의 푸른 달빛), 《The Wednesday Wars》(수요일의 전쟁), 《Wonder》(아름다운 아이), 《The Help》(헬프)

Every cloud has a silver lining

: 어떤 어려운 상황에도 희망은 있다

힘들 때는 저를 꼭 찾아보세요!

Silver lining

세상을 살아가다보면 무수한 역경과 마주치게 됩니다. 어떤 때는 도저히 재기할 수 없을 정도로 힘든 일을 겪기도 하죠. 마치 온통 먹구름으로 뒤덮인 하늘을 보는 듯 한 기분이죠. 하지만 하늘을 자세히 올려다보면 뒤덮인 먹구름 사이로 한 줄기 빛이 비치면서 구름의 테두리에 옅은 빛이 있음을 깨달을 수 있습니다.

은빛으로 빛나는 먹구름의 가장자리를 **silver lining**이라고 하는데 먹구름이 해를 가려도 은빛 가장자리는 언젠가 해가 다시 밝은 빛을 비출 것이라는 한 가닥 희망을 품게 만듭니다.

언제나 밝은 쪽을 바라보며
긍정적으로 생각하세요!

Look on the bright side
긍정적, 낙관적으로 보다

영국 작가 존 밀턴이 《코머스》에서 처음 쓴 표현으로 **비관적인 상황에서의 밝은 희망**을 뜻합니다. 힘든 상황에서도 긍정적인 시선으로 삶을 바라보라는 뜻이 되지요. **Look on the bright side**와 같은 맥락의 표현이라 할 수 있습니다.

영화 중에 〈실버라이닝 플레이북_{silver linings playbook}〉이란 영화가 있었죠. '밝은 희망을 위해 펼치는 팀의 작전'이라는 뜻입니다. 여기서 **playbook**은 미식축구에서 공수 작전을 그림과 함께 기록한 책을 말합니다. 사랑 때문에 아팠지만 자신들만의 **silver lining**을 꿈꾸며 희망을 찾기 위한 작전을 구체적으로 그려놓은 책이라 할 수 있습니다.

우리나라도 먹구름이 잔뜩 낀 상황에서도 **silver lining**과 같

은 촛불들이 광장을 밝혔었지요. 힘들어 하는 많은 분들의 마음 속에도 **silver lining**의 희망이 깃들기를 기원합니다.

go nuts

: 열광하다, 미치다, 머리가 돌다

일전에 대형 항공사 부사장이 땅콩nuts 서비스 때문에 화를 내며 비행기를 회항시킨 일이 있었지요. 당시 한 언론은 그녀에게 **She goes over nuts**라는 표현을 썼습니다.

go nuts는 긍정적으로 쓰면 어떤 일에 **열광하다**는 뜻으로 미친 듯 신나게 놀아보자는 뜻으로 쓰지만 부정적인 의미로 쓰면 **미치다, 머리가 돌다, 심하게 화내다**란 뜻이 됩니다.

He **went nuts** because his car got a flat tire.

그는 타이어가 펑크 나서 화가 심하게 났습니다.

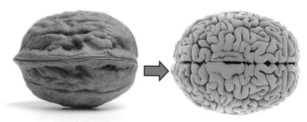

Walnut & The Brain

I'm **going nuts** because of you.
내가 너 때문에 미치겠어.

Our kids **go nuts** for Pororo.
우리 아이들은 뽀로로에 열광해.

nut이 미친 사람의 뜻으로 쓰이게 된 것은 견과류 모양과 관련 있을 것으로 추정됩니다. 특히 호두_{walnut}의 모양은 사람의 뇌와 비슷하게 생겨서 **nut**이 **head**를 가리키는 은어가 된 것이죠. **off your nut**이 crazy, insane의 뜻으로 쓰인 것도 이와 관련 있는 셈이라고 할 수 있습니다.

너무 좋아서 정신을 놓게 만들어버릴 정도라는 뜻으로 **You drive me nuts**라는 표현을 쓸 수 있는데 짜증나서 돌아버리려할 때에도 똑같이 쓸 수 있습니다.

대한민국 셀러리맨 여러분! 회사가 여러분을 아무리 힘들고

괴롭게 해도 Don't go nuts! Hang in there!

1. 다음 빈칸에 알맞은 표현을 골라 시제에 맞게 써보세요.

- get fired
- top dog
- athlete's foot
- underdog
- hit the road
- pass away

A. People love a(n) _____.

사람들은 약자를 좋아합니다.

B. World-famous singer Michael Jackson _____ in 2009.

세계적으로 유명한 가수 마이클 잭슨이 2009년 세상을 떠났습니다.

C. I got _____.

저 무좀 걸렸어요.

D. Monday we _____ again.

월요일에 우리는 다시 길을 떠날 겁니다.

2. 다음 그림을 보고 'put down'을 이용해 빈칸에 들어갈 적절한 말을 적어 넣으세요.

너무 재밌어서 내려놓을 수가 없어요!

A. _____

_____

We are having dinner!

모두들 저녁 먹을 땐 그 것 내려 놓읍시다!

좋은 말로 할 때 들어!

B. _____

_____

[정답] 1. A-underdog, B-passed away, C-athlete's foot, D-hit the road 2. A-I can't put it
down!, B-Put them out!

3. 왼쪽에 있는 문장과 자연스럽게 이어질 내용의 문장을 오른쪽에서 찾아 연결하세요.

A. This book is so exciting, I can't put it down.
너무 재미있어서 책을 내려놓을 수가 없어요.

B. Ow! Do we have any Band-Aids?
아야! 우리 밴드 있어요?

C. The children kept the house in a mess.
아이들이 집을 뒤죽박죽으로 만들어 놓았습니다.

D. He's been to so many countries.
그는 여러 나라를 다녀왔습니다.

E. I'm tired.
저는 피곤합니다.

a. She went bananas.

b. I just got a paper cut!

c. I want to hit the sack.

d. It is a real page-turner!

e. He must have itchy feet.

4. 빈칸을 보기의 표현을 골라 넣어 완성하세요.

· hit the books   · keep up with the Joneses
· on the bright side   · kick the bucket

A. A couple more games and I'll _____.
게임 몇 판만 더하고 열심히 공부할게요.

B. Will you please stop trying to _____!
자기 분수를 지키길 바라.

C. Look _____ of things. Everything will be fine.
낙관적으로 생각하세요. 모든 것이 잘 될 겁니다.

D. I'd like to enjoy it all before I _____.
저는 죽기 전에 모든 것을 즐기고 싶습니다.

[정답] 3. A-d 정말 흥미진진한 책입니다, B-b 방금 종이에 베었어요!, C-a 그녀는 몹시 화가 났습니다, D-e 여행을 좋아하는 것 같습니다, E-c 잠을 자고 싶네요   4. A-hit the books, B-keep up with the Joneses, C-on the bright side, D-kick the bucket

PART 06

교과서엔 없는
리얼 미국 영어

01 헐! 정말? 완전 소름 돋는다!

get goosebumps

: 소름 돋다, 닭살 돋다

잭 블랙 주연의 영화 〈구스범스〉 아시죠?

그런데 도대체 이 특이한 제목 '구스범스'는 무슨 뜻일까요?

구스범스goosebumps는 청소년 공포 소설의 제왕으로 불리는 미국 작가 R.L 스타인이 1990년대 발표해 큰 인기를 모은 동명의 원작 소설 제목입니다. 전 시리즈를 통틀어 무려 3억 5,000만 부나 팔려 《해리포터》에 이어 세계에서 두  번째로 많이 팔린 시리즈물이기도 하죠.

goosebumps는 '소름'을 뜻하는 단어입니다. goose는 거위, bump는 혹이란 뜻입니다. 그렇다면 도대체 왜 소름을 goosebumps라고 하는 걸까요?

우리 피부는 많은 땀구멍sweat gland으로 덮여 있습니다. 우리가 추위를 느낄 때 체온body heat을 잃지 않도록 피부에 털이 있는 세포들이 수축하게 되면서 땀구멍들은 재빨리 닫히죠. 그러면서 작은 혹bump들이 피부에 솟아올라요. 그 모습이 마치 털을 뜯긴 가금류poultry의 피부와 비슷하여 우리나라 사람들은 닭에 비유해 '닭살 돋는다'라고 했고 영어를 쓰는 사람들은 거위에 비유해 '거위 혹이 생겼다'라고 한 것이죠.

추울 때뿐만 아니라 무서울 때도 goosbumps가 돋지요! 그래서 작가 R.L 스타인은 자신의 공포 소설 시리즈를 '소름'을 뜻

215

하는《Goosebumps》라고 하게 된 것입니다.

　goosbumps는 좋은 일로 흥분되었을 때 생기기도 해요.

　감동적인 노래를 듣거나 좋아하는 연예인을 보았을 때 너무 좋아 순간 '오싹'하며 소름끼치는 반응이 몸에 나타나기도 하지요. 이럴 때도 goosbumps를 쓰면 되는데 더불어 '한기'를 뜻하는 chills도 같은 의미로 쓸 수 있다는 것도 알아두세요.

The movie didn't give me goosebumps.

잭 블랙 형! 이 영화는 제목처럼 소름돋을 정도는 아니던데 어떻게 된 건가요?

　하지만 안타깝게도 영화 〈구스범스〉는 원작이 어린이 소설이라서 그런가 어른들에겐 소름끼치도록 무섭거나 재밌지는 않은 것 같네요.

chow down

: 우적우적 먹다

요즘 우리나라 TV는 음식을 맛나게 먹는 '먹방'과 직접 요리하는 '쿡방'이 대세를 이루면서 '푸드포르노food porno'라는 말까지 회자될 정도로 음식에게 과도하게 집착하는 모습을 보여주고 있습니다.

해외에서도 한국의 최신 방송 트렌드 '**먹방**'을 발음 나는 그대로 '**Mukbang**'이라고 소개하며 흥미로워한답니다. 인터넷을 통해 먹방으로 생계를 유지하는earn a living 먹방 스타를 가리켜 **food porno star**라는 표현도 써요.

이들이 먹는 모습은 '**chow down**'이란 표현으로 종종 묘사됩니다. **chow**는 군대에서 시작된 말로 음식, 먹다 등의 뜻이 있어 배식을 받기 위해 선 줄을 **chow line**, 식사 시간을 **chowtime**이라 부르기도 했어요.

이 **chow**를 **down**과 함께 쓰면 먹다eat라는 뜻이돼 '게걸스럽게, 마구마구 많은 음식을 먹는다'는 의미로 어감이 달라집니다.

chow line
(군대 따위에서)
급식을 받는 줄

sneak

: 살금살금 몰래 가다

외국에선 운동화를 **sneakers**라고 부르지요. 이제 우리나라에서도 흔하게 쓰는 말이기도 하고요. 그런데 이 **sneakers**라는 이름에는 재미있는 유래가 있답니다.

구두는 걸을 때 또각또각 소리가 나죠. 1800년대 후반에는 이런 시끄러운 소리가 나지 않도록 바닥이 고무로 된 신발이 개발되었습니다.

운동화의 시초가 된 이 신발을 신으면 소리를 내지 않고 살금살금 몰래 걸을sneak 수 있었기 때문에 **sneakers**라는 이름이 붙게 되었습니다.

미국에서는 러닝슈즈running shoes나 농구화 등 대부분의 운동화를 **sneakers**라고 부르는데 학교 체육관gym에서 신는 신발이라 **gym shoes**라고 하기도 합니다.

미끄러지듯 **slip** 신고 벗기 쉬워
슬리퍼 **slipper** 라 부르죠!

    우리나라에서는 슬리퍼slipper를 주로 욕실에서 신지만 집안에서도 신발을 신는 서양에서는 실내화house shoe로 사용하기도 합니다. 이 슬리퍼도 비슷한 유래를 가지고 있습니다. 신발 뒤꿈치가 열려 있어 신을 때 발이 미끄러지듯slip 쉽게 들어가기 때문에 그런 이름이 붙게 된 것이죠.

    여성들이 입는 얇은 속옷 슬립slip도 미끄러지듯 쉽게 입고 벗을 수 있어 붙은 이름이랍니다.

여기서 신발에 관한 재밌는 속담!

Put yourself in other's shoes.

직역하면 '다른 사람의 신발을 신어 봐라'인데 역지사지로 **'다른 사람의 입장에 생각해 보아라'**라는 의미로 사용하는 표현입니다.

이기주의가 만연한 요즘, 모두가 **Put yourself in other's shoes** 한다면 훨씬 더살기 좋은 세상이 될 겁니다!

여자들은 어떻게 이런 신발을 신고 지내지? 미쳐 몰랐어.

04 샴푸가 눈에 들어가 눈이 따가워요!

My eyes are stinging

: 눈이 따끔거려요

벌이 쏘는 것처럼 따가워!

Sting

The shampoo stung my eyes!

샴푸가 눈에 들어가 몹시 따가워요!

224

머리 감을 때 샴푸가 눈에 들어가면 많이 따갑죠?

이럴 때 '눈이 따갑다'는 표현은 어떻게 하면 될까요?

hurt를 써서 **My eyes hurt! I got shampoo in my eyes!**라고 해도 되지만 sting을 써서 **The shampoo stung my eyes**라고 할 수도 있습니다. sting은 명사로 침, 가시 동사로는 쏘다, 찌르다, 따끔거리다의 뜻을 가지고 있으며 stung은 sting의 과거사입니다.

이렇게 피부나 몸이 따갑다고 할 때 sting을 쓰면 돼요.

노랑가오리 같은 경우에는 꼬리 끝에 독이 있는 가시로 적을 찔러대 **sting ray**라고 한답니다.

흙먼지가 눈에 들어가서 눈이 가렵고 따가울 때도 sting을 쓸 수 있습니다.

Jellyfish can sting you!
해파리가 널 쏠 수 도 있어!

I must got dust in my eye. My left stings all of sudden.
눈에 먼지가 들어갔어. 왼쪽 눈이 갑자기 쓰리고 아파.

bee sting
벌침

벌침처럼 강렬하고 인상적인 노래를 부르는 가수 **Sting**도 생각나네요.

참고로 유쾌한 사기 복수극 영화 〈스팅 The sting〉에서 **sting**은 '사기'라는 의미의 은어로 사용된 것입니다.

눈이 아플 때 **sting**말고 **burning**이라는 표현도 자주 쓰는 말입니다. 말그대로 눈이 타는 것처럼 매울 때 쓰지요.

양파를 썰다보면 자극적인 냄새와 매운 맛을 내는 성분 때문에 눈물이 나곤 하는데 이럴 때 쓸만한 표현입니다.

born with a silver spoon in one's mouth

: 부잣집에서 태어나다, 유복한 가정에서 나다

난 플라스틱 수저, 부럽다·····

지접···

요즘은 사람들이 부모의 힘, 배경, 재산을 얼마나 타고나느냐에 따라 금수저부터 은수저, 동수저. 흙수저 등에 빗대어 표현하곤 하죠. 그런데 사실 이 같은 말들이 영어에서 비롯되었다는 걸 아시나요?

　태어나자마자 부모의 직업, 경제력 등으로 본인의 수저가 결정된다는 수저 계급론은 영어의 **born with a silver spoon in one's mouth**은수저를 물고 태어나다, 라는 표현에서 비롯된 것입니다.

　1980년대 초중반 TV에서 방영되었던 〈아빠는 멋쟁이〉라는 외화 시리즈가 있었는데 이 시리즈의 원제가 바로 'Silver Spoons'였습니다. 등장인물이 집안에서 장난감 기차를 타고 다닐 정도로 부자였었죠.

　식탁에 수저를 차려놓는 문화가 정착되기 전 중세시대 사람들은 수저를 오늘날 지갑이나 신분증처럼 소지하고 다녀야 했는데 부유한 사람들은 은수저를 가지고 다님으로써 자신들의 사회 계급을 은근히 드러내곤 했다고 합니다.

　또한 상류층 가정에 아이가 태어나면 수일 후 치르는 세례식에서 대부가 대자에게 은수저를 주는 전통에서 비롯되었다는 설도 있습니다.

She was **born with a silver spoon in her mouth**, and she doesn't know anything about the real world like a hothouse orchid.

부유한 집안에서 태어나
온실 속의 난초처럼
세상 물정에 대해 전혀 모르시는 것 같아...

우리나라에서는 은보다 금이 비싸기 때문에 은수저보다 금수저가 상징적으로 쓰이게 된 것이고 흙수저는 서양에서는 나무수저, 플라스틱수저라고 말합니다.

영국의 록밴드 '더 후'의 멤버인 피트 타운센드는 이렇게 노래하기도 했죠.

I was **born with a plastic spoon in my mouth.**
나는 플라스틱 수저를 물고 태어났어.

은보다 더 가격이 싼 재료로 만든 수저로 더 가난한 계층을

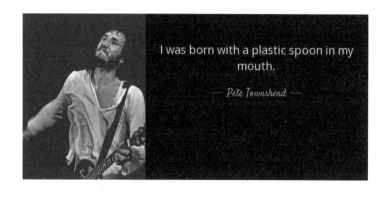

I was born with a plastic spoon in my mouth.

— *Pete Townshend* —

표현한 것입니다.

　서양 속담 중에 **Not every man is born with a silver spoon in his mouth. 모든 사람이 은수저를 물고 태어나진 않는 다.** 이런 말이 있습니다. 유명한 오바마 역시 오하이오 연설 때 자신은 은수저를 물고 태 어나지 않았다고 말했었죠.

　흙수저도 열심히만 하면 좋은 일자리를 구할 수 있고 걱정 없 이 살 수 있는 세상을 꿈꾸며, 오늘도 파이팅!

My leg is asleep

: 다리가 저려요

무릎을 오래 꿇거나 쪼그려 앉았다가 일어날 때 다리가 찌릿찌릿하고 이상한 느낌이 들 때가 있지요? 이럴 때 우리는 다리가 저리다고 하지요.

영어로는 마치 잠든 사람처럼 다리가 제 기능을 못한다는 의미로 **My leg is asleep** 또는 **My leg fell asleep**, 즉 '내 다리가 잠들었다'라고 표현합니다.

비슷한 표현으로 **pins and needles**가 있습니다. 다리에 쥐가 나면 찌릿찌릿 저린 느낌이 나는데, 이를 핀pin과 바늘needle에 찔리는 것에 비유한 재미있는 표현이랍니다.

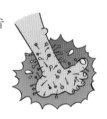

다리가 저리다 못해 쥐가 나는 경우도 있죠.

이렇게 근육에 경련이 오거나 쥐가 났을 때는 경련을 뜻하는 **cramp**를 써서 **I have a cramp in my leg**라고 하면 됩니다.

07 눈곱을 영어로?

eye booger

: 눈곱

눈곱은 보통 자고 일어나면 생기는 것인지라 **sleep(in my eyes)**이라고 부르기도 하지만 **eye booger**라는 표현을 많이 씁니다.

booger는 코딱지를 가리킬 때 많이 쓰는 단어인데 원래 우리 몸에서 생겨 배출되는 분비물들을 가리키는 말이에요.

이런 게 **booger**랍니다.

눈곱은 눈물과 먼지, 세균 등이 섞여 만들어지는 것으로 일종의 우리 몸에서 나오는 때라고 할 수 있습니다. 눈곱이나 코딱지나 귀지 모두 우리 몸에서 자연스럽게 생기는 분비물로 생기는 원리는 비슷하거든요. 그래서 코에서 분비되는 코딱지를 **booger**라고 하고 눈곱은 눈에 붙은 코딱지라는 개념으로 **eye booger**라고 부른답니다.

눈곱을 떼라고 할 땐 **take out**을 써서 **Take out your eye boogers!**라고 하지요.

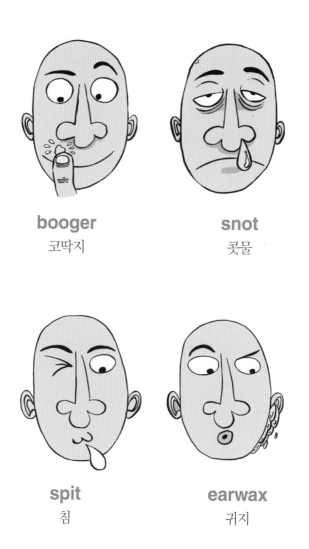

booger
코딱지

snot
콧물

spit
침

earwax
귀지

참고로 코의 **booger**를 제거하기 위해 코를 후빈다고 할 때
는 동사 **pick**을 써서 **pick one's nose**라는 표현을 씁니다.

08 동전 던지기를 할 때는 '머리 혹은 꼬리'

heads or tails?

: (동전 던지기에서) 앞이야 뒤야?

전 세계인의 축제 월드컵 시즌이 되면 세계가 들썩입니다.

우리나라 사람들도 축구 사랑이 남다른데요. 월드컵 경기가 열릴 때마다 전국의 광장은 거리응원을 나온 사람들로 가득하지요. 이번에는 축구 경기에서 비롯된 영어 표현을 한번 살펴볼게요!

공평한 결정을 내려야할 때 우리는 종종 '동전던지기'를 합니다. 축구 경기에서도 선공을 정하기 위해 동전 던지기를 하죠.

동전 던지기는 영어로 **flip a coin**이라고 합니다. **flip**은 '**~을 톡 던지다, ~을 휙 뒤집다, 젖히다**'는 뜻이에요.

do a flip
공중제비를 하다

flip the pancake
팬케이크를 뒤집다

이처럼 **flip**은 뒤집다는 뜻으로 쓰이는데, 한국 팀이 무기력하게 경기에 졌다고 밥상을 **flip**해선 안 되겠죠?

동전을 던질 때 우리는 앞면, 뒷면이라고 하지만 영어로 '앞이야 뒤야?'라고 물을 땐 **'Heads or tails?'**라고 합니다.

동전 앞면은 흔히 인물의 초상, 두상이 있어 **head**라 부르고 뒷면은 주로 새를 비롯한 동물들이 있고 꼬리_{tail}가 있기 때문인데 고대 그리스 동전 뒷면에 그려진 날개달린 말 페가수스 꼬리에서 비롯됐다는 설도 있고 **head**에 반대되는 말이 **tail**이라서 그렇다는 말도 있습니다.

kick off는 시작하다는 뜻인데 축구 경기에서 시작할 때 공을 **kick**해서 **off**하면 경기가 시작되죠. 일상생활에서도 어떤 것이 시작될 때 **kick off**란 표현을 씁니다.

그래서 회사에서 제일 처음 하는 미팅을 **kick-off meeting**

이라고 하죠.

　우리말로도 자신의 행동으로 인해 곤란에 빠지거나 화가 자신에게 돌아올 때 스스로 문제를 자초하다는 의미로 '자살골 넣었네!'라는 표현을 쓰듯이 영어에서도 똑같이 **score an own goal, 자살골을 넣다,** 라는 표현도 씁니다.

fork

: 포크, 도로나 강 등의 분기점, 갈래

슝~~~

내 포크볼을 받아랏!

박병호부터 김현수, 오승환, 이대호까지 메이
저리그에 진출하게 되면서 한국 야구의 위상
이 높아지고 있는데요. 야구 용어에서도 재밌
는 영어 표현이 많습니다. 그중에서 투수가 던
지는 '포크볼'에 대해 알아보기로 해요.

포크볼은 집게손가락과 가운뎃손가락 사이에 볼을 끼워서
잡고 던지는 투구법입니다. 타자 앞에서 갑자기 공이 뚝 떨어지
는 위력적인 공이죠. 공이 두 손가락에 끼어있는 모양이 포크로
음식물을 찍은 모양과 비슷해서 포크볼로 불리게 되었습니다.

사실 인류가 처음 만든 포크의 모양은 지금처럼 서너 갈래가
아니라 두 갈래로 창이 나 있는 형태였습니다. 그래서 일반적으
로 '포크fork'는 '두 갈래'로 된 것을 가리키는 경우가 많습니다.
대표적으로 두 갈래로 갈라지는 갈림길을 **fork(in the road)**라
고 한답니다.

fork
갈림길

forklift
지게차

forked tail
끝이 갈라진 꼬리

10 여기 저기 쓸모가 많아요!

handy

: 쓸모가 있는, 유용한, 편리한

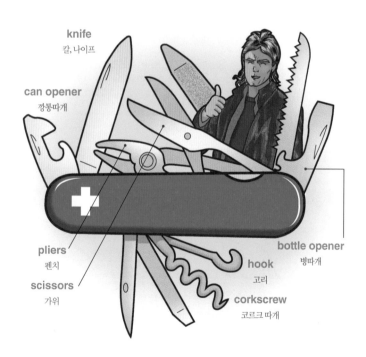

knife
칼, 나이프

can opener
깡통따개

pliers
펜치

scissors
가위

bottle opener
병따개

hook
고리

corkscrew
코르크 따개

1980년대 국내에서도 크게 히트한 미국 드라마의 주인공 맥가이버는 손재주가 워낙 좋아서 주변의 물건들을 이용해 위기를 벗어나는 게 특기였지요.

그가 항상 가지고 다닌 스위스 군용 칼Swiss Army knife은 드라마의 인기에 힘입어 맥가이버 칼로 통하기도 했습니다.

hand에 **y**를 붙이면 쓸모가 있다useful, 유용하고 편리하다는 뜻이 되는데 **come in handy**의 형태로도 많이 쓰입니다.

handy는 **손재주**가 있다는 뜻도 있어서 수리공이나 집 안팎의 잔손질을 잘 보는 사람에게도 **handy**라는 표현을 써요.

handyman
집 안팎의 잔손질에 능한 사람,
잡역부, 수리공

handy는 손이 닿는다는 의미에서 가까운 곳, 이용하기 편한 곳에 있다는 뜻도 있습니다.

자주 쓰는 물건이나 가정상비약, 구급상자 같은 것은 만약을 대비해 keep it handy 해야겠죠!

그래서 가정용 상비약의 제품 광고에 keep it handy라는 슬로건이 종종 쓰이기도 한답니다.

Keep it handy
손 닿는 가까운 곳에 두다

대학생부터 직장인까지, 항상 아이디어에 목마르지요?

최고의 아이디어는 뜻하지 않을 때, 전혀 예상치 못할 때 떠오를 수 있으니 **Keep it handy!** 항상 펜을 손닿는 가까운 곳에 두세요!

1. 다음 한글 문장을 보고 영어 문장을 완성하세요.

·eye boogers   ·goosebumps   ·pick   ·stuffy   ·stung

A. Boy, it just gave me _____!
와우, 소름 돋았어!

B. You have _____.
너 눈곱 끼었어.

C. I have a _____ nose.
코가 막혀요.

D. Don't _____ your nose!
코 후비지 말아요!

E. The shampoo _____ my eyes.
샴푸가 눈에 들어가 따가워요!

2. 왼쪽 문장과 오른쪽 문장을 자연스럽게 이어서 해석까지 해 보세요.

A. Her left leg was asleep.   • a. from the smoke.
그녀는 왼쪽 다리가 저렸습니다.

B. My eyes were stinging.   • b. It might come in
눈이 따가웠습니다.   handy.

C. Don't throw that away.   • c. You'll understand
그거 버리지 마요.   my position.

D. Put yourself in my shoes.   • d. from sitting on
내 입장에 처했다고 생각해봐요.   the floor.

3. 다음 문장을 해석해 보세요.

A. Swiss Army knife always come in handy.

맥가이버칼은 언제나 _____.

B. We arrived at a fork in the road.

우리는 _____ 에 다다랐습니다.

C. Before I finished the first song, I had pins and needles in my legs.

첫 곡이 끝나기도 전에 _____.

D. He was born with a silver spoon in his mouth.

그는 _____에서 태어났습니다.

E. The shows kick off on October 29th.

공연은 10월 29일에 _____.

4. 아래 몸에서 분비되는 물질의 이름을 적어보세요.

A. _____   B. _____   C. _____   D. _____

PART 07

지적 대화를 위한
정치·사회 표현

cry/shed
crocodile tears

: 거짓 눈물을 흘리다

악어는 **crocodile**이라고 하는데 미국에선 **alligator**라 부르기도 합니다.

같은 악어지만 서로 다른 종인데 실제로 두 종류의 악어는 차이가 있답니다!

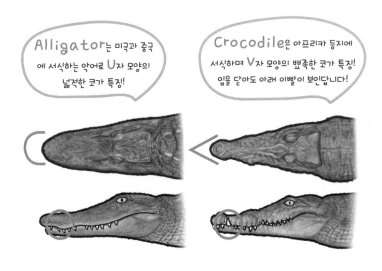

실제로 악어는 먹이를 먹을 때 눈물을 흘리는 것처럼 보이는데, 이를 두고 어떤 사람들은 먹잇감prey이 불쌍해서 눈물을 흘리는 거라고 생각하겠지만 사실은 그렇지 않습니다.

크게 벌린 입 윗부분에 먹이가 부딪히면서 눈물샘을 자극해 눈물을 흘리는 것으로 엄밀히 말하면 눈물이 아니라 거품bubbles이라고 해요.

그래서 **crocodile tears**는 진짜 슬퍼서 흘리는 눈물이 아니라 상대방에게 동정심을 일으키기 위해 흘리는 거짓 눈물을 의미하지요.

I'm sure what she shed was just crocodile tears!
전 그녀가 거짓 눈물을 흘리고 있다고 확신합니다!

Most of our politicians shed crocodile tears.
대부분의 우리 정치인들은 거짓 눈물을 흘리지.

정치인들과 권력을 가진 사람들의 가식적인 거짓 눈물!
이제 더는 속지 맙시다!

저 거짓 눈물!!

full of hot air

: 허풍쟁이

그는 완전
허풍쟁이야!

허풍 떨며 자랑하기 좋아하는 사람을 영어로 어떻게 표현하면 되는지 알아볼까요?

우리 주위에 정도가 지나치게 자신의 능력이나 가진 것을 자주 자랑하고 너무 부풀려 이야기하길 좋아해 주변에서 빈축을 사는 사람들이 있습니다.

자랑하다, 떠벌리다는 의미로 가장 많이 쓰는 어휘는 **brag**와 **boast**가 있고 그보다 조금 더 자주 쓰는 구어체로 **show off**가 있습니다.

brag
(심하게) 자랑하다, 떠벌리다

brag는 자랑하다란 의미로 가장 포괄적으로 쓸 수 있는 어휘인데 show off에 비해 주로 말로 자랑할 때 쓰며 조금 부정적으로 보는 시각이 담겨 있습니다.

He would brag to me all the time how rich he is.

그는 내게 항상 그가 얼마나 부자인지 자랑하곤 해요.

show off는 말 그대로 뭔가를 보여show주면서 과시하는 것으로 예를 들어 돈, 차, 몸매 등을 보여주면서 자랑하는 것을 말합니다.

show off 형태로 자랑하며 과시하는 사람이란 뜻의 명사형
으로도 쓸 수 있습니다.

Nobody likes a show off.
잘난 척 하는 사람은 아무도 좋아하지 않아요.

(be) full of hot air는 현실적으로 가능하지 않거나 사실이
아닌 일을 진짜처럼 떠벌리고 다니는 사람을 가리키는 표현으
로 여기서 hot air는 허풍fib, 자기자랑을 뜻합니다. 즉 그는 허
풍으로 가득 차 있다, 그는 허풍쟁이다, 라는 의미죠.

빈수레가 요란하다고 실속 없는 사람들이 말이 많고 떠드는
법이죠! 허구한 날 자기 자랑만 일삼는 사람들에게 이런 명언
을 들려주고 싶네요.

The better you feel about yourself, the less you feel the need to show off.
자신에 대한 자신감이 있을수록 자랑할 필요가 없어진다!

flip flop

: ~에 대해 한 말을 번복하다, 입장을 달리하다

처지가 달라지면 자신이 한 말을 손바닥 뒤집듯 바꾸는 사람들이 있습니다. 특히 정치인들의 이러한 행태는 비난받아야 마땅한 일이죠. 이런 말 바꾸기를 **flip flop**이라고 합니다.

flip flops는 슬리퍼 종류 중 하나입니다. 우리나라에선 '쪼리'라는 말로 불리는, 엄지와 둘째 발가락 사이로 끈을 끼워서 신는 슬리퍼형 샌들을 가리키는 말입니다.

이 샌들을 신고 걸을 때면 '딸깍딸깍' 또는 '찰딱찰딱' 따위의 소리가 나는데 이 소리가 영어를 쓰는 사람들에겐 '플립플랍'처럼 들린다고 해서 붙여진 이름이에요. 시계에서 나는 '쨱깍쨱깍' 초침소리를 **tick-tock**이라고 표현하는 것처럼 **flip**과 비슷한 글자 **flop**철떡하고 주저앉다을 뒤에 붙인 것입니다. 그럼 **flip**은 원래 무슨 뜻일까요? '휙 넘기다'란 뜻이에요. **flip a coin**이라고 하면 동전 던지기라는 뜻도 됩니다.

부침개를 뒤집다, 팬케이크를 뒤집다 등에서도 이 **flip**이 쓰입니다. **flip**의 뒤집어지는 이미지나 위아래가 뒤집어지는 샌들, **flip flops**를 연상하면 왜 **flip flop**이 '변절하다', '갑자기 마음을 180도로 바꾸다'라는 의미의 동사로 쓰이게 되었는지 짐작이 되실 겁니다.

정치인 치고 한두 번 **flip flop** 하지 않은 사람은 없겠지만, 너무 손바닥 뒤집듯 자신의 소신을 뒤집는 정치인들은 소중한 투표권 행사로 국민의 힘을 보여주어야겠습니다!

04 엄청난 곤란에 빠져버리다

in a jam

: 곤경에 빠져, 궁지에 몰려

끈적끈적한 잼과 뜨거운 물에 빠지면
엄청 곤란하겠죠?

끈적끈적한 잼에 붙어
꼼짝할 수가 없어요!

살다 보면 업무적으로나 인간적으로나 곤경에 빠질 때가 있죠. 뉴스에서도 간혹 잘못을 저질러 곤경에 처한 정치인들이 화제가 되곤 합니다.

아주 곤란한 처지in big trouble, in a bad/difficult situation라는 뜻의 재미있는 표현에는 뭐가 있을까요?

딸기잼, 사과잼처럼 빵에 발라먹는 잼jam은 원래 어떤 것을 밀어 쑤셔 넣다, 꽉 채워 넣다, 라는 뜻을 가진 단어에요.

잼을 만들어 병에 가득 채워 넣는 모습을 상상해 보세요!

병에 가득 차 있는 끈적끈적한 잼에 빠지면 헤어 나오기가 힘들겠죠?

그래서 **in a jam, get oneself in a jam**이라고 하면 **곤란한 처지에 처했다**는 표현이 됩니다.

I'm **in bit of a jam**.
Could you lend me some money?
제가 좀 곤경에 처해서⋯ 돈 좀 빌려줄 수 있어요?

많은 것을 한 곳에 쑤셔 넣으면 공간이 없어 꼼짝 못하겠죠?

알다시피 교통체증도 **traffic jam**이라고 하죠!

한창 바빠 죽겠는데 복사기가 말썽이면 답답하죠. 복사기에 종이가 걸려 꼼짝 못하는 것에도 **paper jam**이라는 표현을 씁니다.

I'm stuck in a traffic jam!

교통체증에 걸려 꼼짝 못하고 있어요!

복사기에 종이가 걸렸어!
The copy machine is jammed!

in a jam과 비슷한 표현으로 in hot water란 표현도 있습니다! 어떤 잘못한 행동으로 인해 곤란한 처지에 처한다는 뜻인데 펄펄 끓는 물에 들어가 땀을 뻘뻘 흘리는 모습을 상상해 보면 쉽게 이해가 가시죠?

He's **in hot water** because of his speech about racism.
그는 인종 차별에 다한 연설 때문에 큰 곤경에 처했습니다.

resign

: 사직하다, 물러나다, 포기하다

알파고가 패배를 인정할 때
reSign을 쓴까닭은?

I reSign!
패배를 인정하고 물러갑니다!

이세돌이 알파고에 첫 승을 거둘 때 알파고가 **resign**이라는 표현으로 패배를 인정한 것이 화제가 되었었죠.

AlphaGo **resigns**. The result 'W+resign' was added to the game information.

알파고가 항복을 선언합니다. 'W+기권(백 불계승)' 결과가 게임 정보에 추가 저장되었습니다.

여기서 **resign**의 뜻은 뭘까요?

resign은 어떤 장소나 자리에서 물러나다, 사직하다quit라는 뜻으로 회사에 들어갈 때 **sign**하고 회사에서 나올 때 다시re sign 하는 셈이니까, **resign**이라고 하는 것이죠!

명사형 **resignation**은 사직, 사임을 뜻해서 사직서를 **a letter of resignation**이라고 합니다.

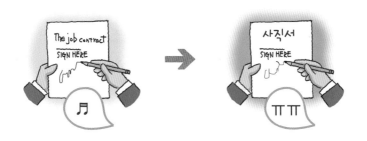

어떤 승부를 가리는 자리에서 물러나는 건 패배를 인정하고 물러나는 것이므로 포기하다라는 **give up**과 같은 뜻입니다. 다만 **give up**보다 조금 더 정중한 뉘앙스를 담고 있지요.

체스 경기에서도 상대가 장군을 부르기 전에 패배를 인정할 때 **resign**을 씁니다.

He lost his queen on the 50th move, thus, had to **resign** from the chess match.

그는 50수 만에 여왕을 잃었습니다. 그래서 체스 경기에서 패배를 인정해야 했습니다.

참고로 **바둑**은 영어로 '**go**'라고 합니다. 여기서 **go**는 '가다'라는 뜻과는 전혀 상관이 없어요. 일본에서는 바둑을 '**碁**'라고 하는데 **碁**의 발음을 영문으로 표기하면서 **go**가 된 것입니다.

Can you play **go**?
바둑 둘 줄 아세요?

바둑은 중국에서 창시되었지만 국제바둑연맹이 창설되어 1979년 일본이 주최한 세계 아마추어바둑선수권대회를 계기로 일본에서 바둑 명칭을 영어로 표기한 **go**가 국제 통용어처럼 널리 알려지게 된 것입니다. 하지만 우리나라식 표현인 **Baduk**이나 **Paduk**도 많이 쓰이는 표현입니다.

smoking gun

: 명백한 증거, 결정적인 증거

smoking gun은 직역하면 연기 나는 총인데 범죄에서의 결정적인 단서, 증거를 뜻합니다. 코난 도일의 '셜록 홈즈' 시리즈 〈글로리아 스콧The Gloria Scott〉에서 유래한 표현으로 원작에서는 smoking pistol로 쓰였습니다.

The chaplain stood with a smoking pistol in his hand.

그 목사는 연기 나는 총을 손에 들고 있었다.

1974년 당시 닉슨 미국 대통령의 워터게이트 사건에 대한 글을 쓴 기자 로저 윌킨스는 사건을 조사하던 미 하원 사법위원회의 최대 관심사가 결정적 증거 확보라는 말을 하면서 'Where's the smoking gun?'이라는 표현을 사용했습니다.

이후 미 하원 사법위원회에서 뉴욕 주 하원의원 바버 코너블이 닉슨 대통령과 수석보좌관 사이에 오간 대화가 담긴 녹음테이프를 가리며 smoking gun이라는 말을 쓰면서 이 용어가 일반적으로 사용되기 시작했다고 합니다.

정황 증거circumstantial evidence만 있고 결정적인 증거가 없다면 법적으로 용의자를 처벌하기가 쉽지 않죠. 그래서 smoking gun의 확보는 중요한 것이지요.

I think the prosecution has smoking guns already!

내 생각에 검찰은 이미 결정적인 물증을 확보한 것 같아!

하모 하모!
나 없이 감옥에 넣기 힘들지~

07 잘못을 하면 책임을 져야죠!

face the music

: (행동에 대해 용감히) 책임지다

자신이 잘못한 일이나 실수를 인정하는 것은 쉬운 일이 아니죠. 자존심을 버리고 자신을 고치겠다는 용기와 의지가 필요합니다. 자신의 잘못된 행동을 회피하거나 인정하지 않는다면 언제나 자신에게 비겁할 뿐만 아니라 남들에게도 비난을 면치 못할 겁니다.

Not admitting a mistake is a bigger mistake.
실수를 인정하지 않는 것이 더 큰 실수이다.

그런 면에서 자신의 잘못이나 실수를 인정하고 책임을 지는 것이 진정 용기 있고 올바른 태도죠. 이럴 때 쓸 수 있는 표현이 바로 **face the music**입니다. 이 표현에서 **face**는 동사로 쓰인 것으로 '**(나쁜 상황에) 직면하다**'라는 뜻으로 쓰였습니다.

face the music에서 **the music**은 귀에 듣기 좋은 음악이라기보다는 '나쁜 소리'인 것이죠.

이 표현의 유래에도 몇 가지 설이 있습니다. 첫 번째는 군에서 불명예제대를 하는 군인에게 군대 의식에서 내쫓는다 _{drummed out}는 의미로 북을 쳐서 그 사실을 알렸고 잘못을 저지른 군인은 자신이 한 일에 책임을 지며 떠나면서 그 북소리를 들어야 했다고 합니다.

두 번째는 오페라나 뮤지컬 배우가 무대 뒤에서 긴장을 하고 있을 무렵, 그 배우에게 연주되는 음악을 듣는 게 일종의 현실을 직시하고 받아들이는 것으로 인식되어 쓰이게 되었다는 설입니다.

그리고 세 번째로 사형수가 사형장으로 들어갈 때 심리적 안정을 위해 음악을 틀어준 데서 비롯되었다는 설도 있습니다.

이 표현은 작곡가 어빙 벌린의 노래 '**Let's face the music and dance**'로도 익숙해진 표현인데 현대에도 많은 가수들이 불렀죠. 가사 내용은 다른 머리 아픈 일에 직면하기 전에 지금은 음악을 직면하고 춤을 추자는 내용을 담고 있습니다.

08 '시빌 워'로 알아보는 'civil'

civil war

: 내전

왜 어벤져스들은 시빌 워
civil war를 벌이게 된 걸까?

1. 토목기사 : ＿＿＿ engineer

2. 공무원 : ＿＿＿ servant

3. 민간인 : ＿＿＿ ian

4. 미국의 남북전쟁 : The ＿＿＿ War

5. 내전 : ＿＿＿ war

토니 스탱크!
저기 공통으로
들어가는 낱말이
먼지 아나?

뭐? 스탱....
이 녀석이
날 무시해도 유분수지!

!!!

씨발!

마블코믹스의 어벤져스 시리즈로 인해 내전을 뜻하는 **civil war**라는 단어가 많이 알려졌는데요. 이번에는 **civil**이 들어가는 여러 가지 단어를 알아보려고 해요.

'**civil**'의 어원은 라틴어 '**civils**'이며, 이 말은 고대 '도시국가'를 뜻하는 **civitas**의 형용사입니다.

토목공학土木工學은 인류 문명의 발달과 함께 시작된 학문으로 원시시대에 문명화를 위한 모든 건설 재료가 흙과 나무였기 때문에 토목이라 하였습니다. 도시화를 위한 도로, 항만, 댐, 상하수도 등 인간의 문명 생활에 근간이 되는 기반 시설을 만드는 공학을 말합니다. 영어로는 **civil engineering**이라 하고 토목기사는 **civil engineer**라 부릅니다. 결국 이 토목공학은 시민들의 생활의 편리성을 위한 공학이라 하겠습니다.

공무원은 '시민의 종servant'이라는 뜻으로 **civil servant**라고 합니다. 시민의 세금으로 시민들의 공익을 위해 일하는 사람들인 것이죠. 공무원 시험은 **civil servant(service) exam**!

civil은 군대military에 반대되는 개념으로 '민간의'라는 뜻입니다. 사람을 뜻하는 접미사 **~ian**을 붙인 **civilian**은 민간인을 뜻하죠.

He's now **civilian** after 2 years of mandatory military service.
그는 지금 2년간의 군역 후 민간인입니다.

The Civil War
1861-1865

    civil war는 한 나라 안에서 사회 구성원들, 주로 시민들이 정치권력의 획득이나 정치적 우위를 차지하기 위해 싸우는 전쟁을 의미하는데 요즘은 합법 정부와 반란 또는 혁명, 독립 운동 단체 간의 국가 지배 권력이나 분리 독립을 둘러싸고 일어나는 무력 분쟁을 말합니다. 대표적인 예로 **The Syrian civil war,** 시리아 내전이 있죠.

    미국의 '**남북전쟁**'의 경우 미국 내부에서 남부와 북부가 갈라져 싸운 내전, 즉 **civil war**라 보고 '**the**'를 붙여 고유명사처럼 사용합니다. 즉 **The Civil War=미국의 남북전쟁!** 다른 말로 **The American Civil War**라고 하기도 합니다.

    영화 〈캡틴아메리카: 시빌 워〉는 어벤져스 멤버들이 외부의 적과 싸우는 것이 아니라 슈퍼 히어로 등록제 때문에 양분되어 내부의 멤버들 간의 싸움을 다룬 내용을 담고 있는 것이죠.

I call shotgun

: 앞자리는 내가 찜!

저는 어렸을 적 자동차에 탈 때 앞 운전자 좌석 옆인 조수석 **front seat**에 앉는 걸 참 좋아했어요. 어른들도 대부분 뒷좌석보다는 앞 조수석을 여전히 선호하기 마련인데요. 영어로 '내가 조수석에 탈거야!'라고 말하고 싶으면 **I call shotgun!**이라고 외치면 됩니다. 그냥 **Shotgun!**이라고 해도 상관없습니다.

이 표현은 미국 서부 개척시대에 말 탄 도둑들이 마차에 접근하면 마부는 계속 말을 몰고 조수석에 탄 사람이 대부분 사냥총 **shotgun**으로 대응해서 조수석을 **shotgun seat**라고 부르게 되었다고 합니다.

승용차 이야기가 나온 김에 관련된 콩글리시 몇 개를 짚고 넘어가 볼까요?

flat tire
바람빠진 타이어

spare
여분의

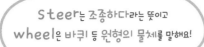

steer는 조종하다라는 뜻이고
wheel은 바퀴 등 원형의 물체를 말해요!

handle은
이런 거죠!

핸들은
잘못된 표현!

자동차 바퀴에 구멍이 났을 때 흔히들 '빵꾸났다'고 하는데, 말하자면 '펑크'가 났다는 뜻이죠. 하지만 미국에서는 펑크라는 말을 쓰지 않고 **'flat tire'**라는 표현을 씁니다. 동그란 바퀴가 바람이 빠지면 납작해지기 때문이죠.

또 차에 넣는 기름은 오일oil이 아니라 가스gas라고 합니다! 휘발유가 영어로 가솔린gasoline이기 때문에 이를 간단히 **gas**라고 줄여 부르는 것이죠! 그래서 주요소도 **gas station**이라고 한답니다.

자동차 핸들은 **steering wheel**이라고 해야 하고 백미러는 **rear-view mirror**라고 해야 맞습니다.

lame

: 절름발이의, 설득력 없는, 썰렁한, 변변찮은

대통령 임기 말에 국회의원 선거에서 여당이 과반확보에 실패하면 레임덕lameduck 현상이 나타날 것이란 관측이 나오곤 합니다.

레임덕은 대통령이 집권 말기에 정치적으로 힘을 잃고 무력한 모습을 뒤뚱거리며 걷는 절름발이lame 오리duck에 비유해 일컫는 정치적 용어죠.

lame에는 크게 두 가지 뜻이 있습니다. 먼저 다리를 저는, 절름발이의란 뜻입니다. 그런데 신체상의 불편함을 적나라하게 묘사하는 단어다보니 사람에게는 잘 쓰지 않고 성경이나 고전소설에서나 절름발이 등의 뜻으로 쓰이는 걸 볼 수 있습니다.

현대 영어에서 lame은 썰렁하고, 바보 같고stupid, 유치하고childish, 구차스럽고pathetic, 재미없고uninteresting, boring, 별 볼일 없는 것을 가리킬 때 씁니다. 또 누군가 말도 안 되는 구차한 변명을 할 때 쓰입니다. 누군가 썰렁한 아재 개그를 했을 때도 써먹을 수 있습니다.

That movie was so lame!
영화 진짜 구리더라! 보지마! 돈아까워!

그래? 이런...
이미 예약했는데.

duck 이야기가 나온 김에 **sitting duck**이란 표현도 배워보기로 해요. 오리 사냥_{duck hunting}을 하는 사람에게 날아다니거나 헤엄치고 움직이는 오리보다는 **sitting duck**_{앉아 있는 오리}이 훨씬 잡기 쉽겠죠? 그래서 공격하기 쉬운 사람, 만만하고 설득하기 쉬운 사람을 sitting duck에 비유하게 되었습니다.

sitting duck
공격하기 쉬운 대상, 봉

1. 다음 한글에 맞는 단어를 보기에서 찾아 넣어 문장을 완성하세요.

·jam   ·lame duck   ·resign   ·shotgun   ·sitting duck

A. The President is in a _____.
대통령은 곤경에 빠져있습니다.

B. It now seems only a matter of time before her _____.
그녀가 물러나는 건 이제 단지 시간문제인 것 같습니다.

C. The President is afraid of becoming a _____.
대통령은 임기 말의 권력 누수를 두려워합니다.

D. I already called _____!
내가 이미 (차의) 앞자리 찜했어!

2. 왼쪽 문장과 내용상 맞는 오른쪽 문장을 선으로 이어 완성하세요.

A. Let's hide under that tree.   •
저 나무 밑에 숨어요.

B. Charlie stole a car and   •
찰리는 차를 훔쳐서

C. The girl wasn't hurt, but   •
그 소녀는 상처가 나지 않았으나

D. Don't believe him.   •
그를 믿지 마세요.

• a. she shed crocodile tears.

• b. He's full of hot air.

• c. he is in hot water with the law.

• d. Because we're sitting ducks out here in the open field.

[정답] 1. A-jam, B-resign, C-lame duck, D-shotgun   2. A-d 저 나무 밑에 숨어요. 왜냐면 이렇게 탁 트인 장소에서는 우리는 딱 봉이거든요. B-c 찰리는 차를 훔쳐서 법적 곤경에 처했습니다. C-a 그 소녀는 상처가 나지 않았으나 거짓 눈물을 흘렸습니다. D-b 그를 믿지 마세요. 그는 허풍쟁이입니다.

3. 다음 문장의 빈칸을 보기에서 찾아 완성하세요.

·Civil War ·change ·dealt a blow ·flip-flop ·lame ·smoking gun

A. I don't want to hear your _____ excuse any more.
너의 궁색한 변명을 더 이상 듣고 싶지 않아.

B. The ruling party did a _____ on several key issues.
여당은 몇몇 주요 쟁점에 대해서 입장을 번복했습니다.

C. The global shock has _____ to countries around the world.
글로벌 쇼크가 모든 나라에게 일격을 가했습니다.

D. Many people died a horrible death in the Syrian _____.
많은 사람들이 시리아 내전에서 끔찍한 죽음을 당했습니다.

E. This paper could be the _____ that investigators have been looking for.
이 서류가 수사관들이 찾던 명백한 증거가 될 수 있을 것입니다.

4. 아래 보기와 그림을 보고 빈칸에 들어갈 말을 보기에서 찾아 빈칸에 넣으세요.

·back ·gas ·gas station ·flat ·funk ·handle ·rear

A. We are running out of _____.
We'd better stop by a(n) _____ as soon as possible.

B. We've get a _____ tire!

C. _____ view mirror.

[정답] 3. A-lame, B-flip-flop, C-dealt a blow, D-Civil War, E-smoking gun   4. A-gas/gas station, B-flat, C-rear

PART 08

날씨·일상

01 봄철 건강의 적, 황사와 미세먼지!

under the weather

: 몸이 안 좋은, 컨디션이 나쁜

사람의 기분은 날씨에 영향을 많이 받기 마련입니다.

'나 오늘 기분이 저기압이야'란 말은 기분이 좋지 않다는 뜻으로 쓰는 우리말 표현인데 영어에도 이와 비슷한 표현으로 **(be/feel) under the weather**가 있어요.

옛날에 배에 탄 선원sailor이 아프거나 뱃멀미seasick를 심하게 하면 빠른 회복을 위해 갑판 아래under the deck 배의 가장 낮은 곳으로 내려가게 했다고 해요. 배가 가장 덜 흔들리는 곳이기도 하고 나쁜 날씨의 영향을 최대한 덜 받는 장소이기 때문이죠. 그래서 **under the weather**가 **몸이 좋지 못하다, 컨디션이 좋지 않다**는 뜻으로 쓰이게 되었다고 합니다.

I'm feeling a bit under the weather.
나 몸이 좀 안 좋아.

봄이 되면 맑은 하늘과 따뜻한 날씨 덕에 대체로 기분도 좋아지기 마련인데 이젠 그것도 옛말인가 싶어요. 요즘 봄 날씨는 미세먼지와 황사 때문에 그렇지도 않지요. 파랗기는커녕 외출할 때 마스크를 써야wear a mask할 정도로 누렇고 뿌연 하늘을 보고 있자면 기분마저 덩달아 가라앉습니다. 황사는 **yellow dust**라고 하죠.

Today is cloudy with yellow dust from China again!

오늘 또 중국에서 날아온 황사 때문에 날이 흐려요!

I hate it!

또 세차해야 하잖아!

미세먼지는 **fine dust**라고 합니다. **fine**에는 좋은, 멋진이라는 뜻 말고도 알갱이가 아주 곱고 가는, **미세한**이란 뜻도 있거든요. 미세먼지는 육안naked eyes으론 보이지 않지만 호흡기로 들어와 폐나 혈관에 치명적인 해를 끼칠 수 있다고 해요.

Breathing **fine dust** is very harmful.
미세먼지를 마시는 건 매우 해로워요!

이렇게 미세먼지 때문에 날씨가 나쁘다고 할 때 전문적인 용어인 **fine dust**보다는 쉬운 **smog**를 써서 말해도 됩니다. 스모그는 도시의 매연을 비롯한 오염물질이 안개 모양으로 기체를 이루고 있는 것을 말하며 **smoke**연기와 **fog**안개의 합성어죠.

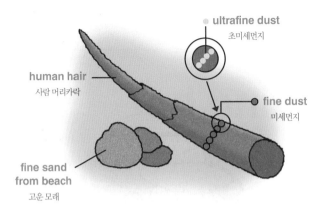

ultrafine dust
초미세먼지

human hair
사람 머리카락

fine dust
미세먼지

fine sand
from beach
고운 모래

Smog is bad today.

심각한 문제야⋯.

우리나라도 파란 하늘을 볼 수 있는 날이
점점 줄어드는 것 같아 우울해.

boiling hot

: 찜통더위

누가 이 한여름에 보일러 (boiler) 틀었냐? 왜 이렇게 펄펄 끓어?

It's boiling hot!

가마솥처럼 뜨거운 더위를 끓는 물에 비유한 표현이죠!

여름이 되면 낮에는 폭염, 밤에는 열대야로 연일 쏟아지는 폭염경보heat wave warning에 시달리죠. 찜통더위, 불볕더위 등 우리말에는 '무더위'를 나타내는 다양한 표현들이 있는데요. 영어에도 더위에 관련된 재미있는 표현들이 많습니다.

'밖이 덥다'라고 하려면 **'It's hot outside'**라고 말하면 되지만 숨이 막힐 정도로 더울 때는 **hot**만 가지고는 이 찜통더위를 표현하기에 부족합니다. 무더위를 표현할 때 주로 **hot** 앞에 불로 가열하는 것을 나타내는 형용사를 붙여서 표현합니다. **boiling**끓는을 붙인 **It's boiling hot**나 **steam**찌는을 붙인 **It's steaming hot** 모두 펄펄 끓는 가마솥 더위를 표현하는 말입니다. 또 **sizzling**을 붙인 **It's sizzling hot**은 음식을 굽거나 튀길

Today is a record-breaking scorching hot day!
오늘 살인적으로 더운 날이네요!

What a dog days of summer!
삼복 더위에 개도 죽겠네

헉헉헉

앗! 우리 강아지가
더워서 힘들어하고 있잖아!

초롱아!

때 지글지글 소리가 나는 것에 무더위를 비유한 표현입니다. 한편 scorching불에 그슬리는을 붙인 It's scorching hot은 모든 것이 불에 타들어 가는 것처럼 덥다는 뜻입니다.

이 밖에도 녹아내릴 것 같이 너무 덥다는 의미로 녹다melt라는 단어를 써서 I'm melting이라는 표현도 쓸 수 있습니다. 날이 더우면 짜증도 나고 무슨 일을 해도 집중도 안 되고 아무 것도 할 수가 없죠. 그럴 때는 억지로 뭔가를 하기 보단 시원한 바람을 쐬면서 잠시 쉬어주는 게 훨씬 좋을 것 같습니다.

muggy

: (습도가 높아) 후덥지근하게 덥다

여름에는 더위heat도 문제지만 습도humidity 때문에 더 불쾌하고 견디기 힘들죠. 이렇게 습도가 높으면서 후텁지근하게 더운 날을 영어로 어떻게 표현하면 될까요?

먼저 습하다란 의미의 가장 기본적인 표현은 **humid**입니다. 또 **muggy**도 후텁지근한 습도 높은 날씨를 가리킬 때 자주 쓰는 표현이에요. 또 습도가 높아 몸이 끈적끈적한 경우 **sticky**를 쓰기도 합니다.

It's hot and **humid**.
It's **muggy**.
I'm so **sticky**.
덥고 습해요.
후덥지근하게 더워요.
난 매우 끈적끈적해.

이렇게 후덥지근하게 더운 날은 **swelter**를 써서 **It's swertering hot**이라고 말하기도 합니다.

덥다 보면 에어컨이 작동되는 실내에서 많은 시간을 보내게 되죠. 너무 오랜 시간 에어컨에 노출되면 머리도 아프고 기침도 나고 콧물까지 흐르는 냉방병에 걸리기 쉽습니다.

냉방병을 지칭하는 전문적인 의학 용어로 **air-conditi oningitis**라는 단어가 있습니다만, 실제 서양인들은 냉방병을 말할 때 이런 단어를 잘 쓰지 않아요. 냉방병에 잘 걸리지 않아서인가 그런 개념이 없고 보통 **sick**이나 **ill**을 써서 에어컨 때문에 아프다고 표현합니다.

　그럼 열대야는? 열대야는 그냥 말 그대로 열대지방을 뜻하는 **tropical**을 써서 **tropical night**라고 하면 됩니다.

I'm suffering from air-conditioningitis.

저 냉방병에 걸렸어요

자리 좀 바꿔주시면 안 될까요?

What?

He's sick probably because of the air conditioner.

그가 좀 아픈데 아마도 에어컨 때문인가봐!

그런거야?

I got it!

I can hardly sleep because of these
tropical nights.
열대야 때문에 잠을 잘 못 자겠어요.

밤마다
동남아야....

draft/draft beer

: 찬바람, 외풍/생맥주

맥주하면 역시나
draft beer
생맥주지!

야, 네 집에 들어오는 draft나 어떻게 해 봐.
네 머리 다 날아간다.

draft를 알기 전에 먼저 **draught**를 살펴봐야 해요.

draught는 '당기다'라는 뜻의 고대 노르웨이어 **drattr**와 독일어 **tracht**, 그리고 끌어당긴다는 뜻의 영어 **draw**가 합쳐져 오늘날에 이른 단어로 미국으로 건너오며 **draft**와 같은 의미로 쓰이게 되었습니다. 심지어 발음도 똑같이 [드래프트]라고 해요. 단, 헷갈리시면 안 되는 게 가뭄을 뜻하는 **draught**는 동음이의어로 [드라우트]라고 발음합니다.

일반적으로 외부에서 실내로 들어오는 찬바람을 미국에선 **draft**, 영국에선 **draught**라 합니다.

Drafty house
외풍이 있는 집

맥주에 **draft** 혹은 **draught**라고 쓰여 있는 걸 볼 수 있죠? 이건 마케팅 일환으로 **keg**로부터 바로 따라 부은 맥주와 같은 느낌을 주기 위해 쓴 거지, 진정한 **draft beer**라고 할 순 없어요. 그런데 왜 생맥주는 **draft beer**라고 하는 걸까요?

생맥주를 마시려면 맥주가 담긴 큰 통cask, keg에 달려 있는 손잡이hand pump를 '당겨야' 하잖아요. 그래서 당기다라는 뜻의 **draft, draught**를 써서 **draft, draught** 맥주라고 부르게 된 거랍니다.

팍팍 당겨주세요!
가득가득!

아마 스포츠를 좋아하시는 분이라면 **draft**라는 단어가 낯설지 않을 겁니다. 야구 같은 프로스포츠에서 각 팀이 뽑고 싶은 신인 선수를 지명해 데려오는 제도를 **draft** 제도라고 하지요. 마지막으로 **draft**는 '초안'이라는 뜻도 있답니다.

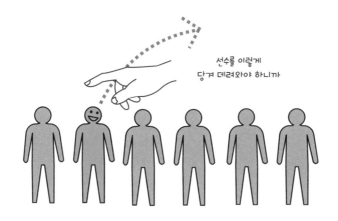

선수를 이렇게
당겨 데려와야 하니까

the wind is biting

: 칼바람이 불어요!

겨울에 추위의 기세가 너무 맹렬해 문밖을 나서기도 망설여질 때 있으시죠? 매섭게 추운 날씨는 영어로 어떻게 표현할까요? 추울 땐 보통 **It's cold**라고 하는데 얼다, 얼리다 등의 뜻인 **freeze**를 **cold** 앞에 붙여 **It's freezing cold!**이라는 표현을 씁니다.

나오는 순간 얼어붙을 것처럼 후들후들하게 추워~!

It's freezing cold!
꽁꽁 얼게 추워요!

freeze는 경찰이 자주 쓰는 말이기도 합니다. 도망가는 범죄자를 잡기 위해 '꼼짝 마!'라고 소리칠 때 **Freeze!**라고 외치거든요. 찬 음식을 급하게 먹다보면 '띵'하는 느낌과 함께 머리가 아파오지요. 그럴 때도 뇌가 얼어버리는 것 같다고 하여 영어로 **brain freeze**라고 합니다.

그러면 '**칼바람이 불어**'는 어떻게 표현하면 좋을까요?

영어를 쓰는 사람들은 마치 바람이 살을 깨무는 것처럼 춥다고 해서 **The wind is biting**이라고 말합니다.

It is so cold that it feels like my ears would fall off!

너무 추워서 귀가 떨어져 나갈 것 같아!

It is bone-chilling out there!

바깥은 뼈가 시려오듯 추워요!

wind chill
temperature

: 체감온도

Bundle up before you go outside! It's a teeth-chattering temperature!

이가 덜덜 떨리는 온도예요!

Bundle up이 뭐냐?

덜덜덜

겨울에서 봄으로 넘어갈 무렵 매년 반복하는 일이 있죠. 봄이 오려나, 이제 좀 따뜻해졌다 싶어 겨울옷을 몽땅 옷장에 넣었는데 갑자기 찾아 온 꽃샘추위에 겨울옷을 다시 꺼내들곤 합니다. 참고로 기온, 온도는 **temperature**라고 하고 '~도'라고 할 땐 **degree**로 표현합니다.

Today's temperature in Seoul is minus **10 degrees**!
오늘 서울 기온이 영하 10도입니다!

기상청에서 발표한 기온보다 우리 몸이 느끼는 온도가 훨씬 더 춥게 느껴지는 경우가 많은데 이는 바람 때문입니다. 그래서 체감온도는 영어로 바람wind에 의해 추위chill이 느껴진다는 의미로 **wind chill temperature**라고 합니다.

The **wind chill temperature** is minus 20 degree Celsius today!
오늘 체감온도는 섭씨 영하 20도 입니다!

참고로 우리나라를 비롯한 대부분의 나라에서는 온도를 표현할 때 섭씨Celsius를 사용하는데 비해 미국만 유일하게 화씨Fahrenheit를 사용합니다.

이게 다 바람 너 때문이야!

wind chill

난chilli…!

자, 그렇다면 이렇게 추운 날에 밖에 나갈 때 옷을 단단히 입으라고 말하려면 영어로 뭐라고 하면 좋을까요?

bundle은 꾸러미, 묶음이라는 의미로 쓰이는 말입니다. 화장품 광고나 IP TV 홍보전단지에서 많이 보셨을 겁니다. 대형마트에 가면 번들로 싸게 파는 과자들을 쉽게 볼 수가 있지요. 이 **bundle**에 **up**을 붙이면 '꽁꽁 싸매다'란 의미가 되어서 '**두껍게 입어**', '**옷을 따뜻하게 입어**dress up warmly'라는 뜻이 된답니다.

MK-mart sells a **bundle** of six imported beers for 9,500 won.

MK마트에서 수입맥주 6개 한 묶음을 9,500원에 팔고 있어요

drumstick

: 닭다리

치킨 먹을 때 제일 맛있는
닭다리는 영어로 뭐라고 부를까?

두두두두!

drum
북, 드럼

끝이 굵고, 점점
가늘어지는 게
비슷하게 생겼죠?

drumstick
drumstick

한국 사람들이 유난히 좋아하는 후라이드 치킨! 많은 사람들이 제일 좋아하는 부위는 닭다리죠. 닭다리는 영어로 **drumstick**이라고 합니다. 그 모양이 굵다가 가늘어지는 북채를 닮았기 때문이랍니다.

젓가락은 **chopstick**이라고 하는데 그 이유는 뭘까요? **chop**은 작은 조각으로 자르다란 뜻이죠. **chop**의 뜻을 생각하면 **stick**을 쪼갠chop 것이 **chopstick**이라고 할 수도 있겠지만 사실 **chopstick**에서 **chop**은 의성어인 **chop chop**에서 나온 말입니다.

chop
자르다, 패다

chopping board
도마

이 단어는 중국어 kuai-kuai가 변해서 chop chop이 되었다
고 합니다. kuai는 빠르다란 뜻이어서 서양에서 빨리하라는 의
미로 chop-chop!이란 표현을 쓰기도 한답니다.

08 아들이 아빠랑 붕어빵이다

a chip off the old block

: 부모와 행동이나 모습, 습관 등이 닮은 판박이

He's my son. He's a chip off the old block and I'm proud of him.

야~ 딱 봐도 아빠랑 아들! 진짜 붕어빵이네!

아빠라면 자신을 닮은 아들을 볼 때 뿌듯해지는 게 인지상정이죠! '아이가 아버지와 똑같군요'라고 말해 주면 이를 싫어하는 사람은 나라를 막론하고 없을 겁니다. 미국인 아버지들도 부전자전like father, like son과 같은 말을 좋아하는데 주로 아버지와 아들 사이에서 이 둘이 닮은 점이 있을 때 쓰는 표현으로 **a chip off the old block**이 있습니다.

나무 조각에 빗대어 부전자전을 나타낸 관용 표현으로 **block**은 '나무토막'이고 **chip**은 거기서 떨어져 나온 '나무조각'을 가리켜 **a chip off the old block**이 '빼 닮은 꼴'을 의미하게 된 겁니다.

He is a great basketball player just like his
father-a chip off the old block.
그는 그의 아버지와 판박이처럼 훌륭한 농구선수입니다.

이 말을 쓰기 시작한 것은 고대 그리스 시대ancient Greek times에
테오크리투스가 a chip-of-the-old-flint부싯돌의 조각라고 표현하
고부터라고 합니다.

존 레이의 1670년 속담 모음집에서 "Kit after kind. A chip
of the old block", 즉 종류를 막론하고 모든 새끼 고양이는 모
두 어미 고양이와 똑같이 생겼다, 라고 했고 'old block'이 부
모, 아버지를 의미하게 되었습니다.

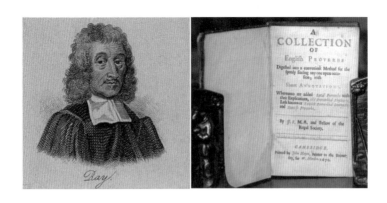

09 '너 외출금지야'를 영어로?

You're grounded

: 너 외출금지야!

영어권 나라에 사는 아이들은 규칙을 어기거나 말썽을 피웠을 때 부모님께 체벌physical punishment을 받는 대신 주로 외출금지령을 받습니다. 외국에선 체벌이 불법이기도 하지요.

일정 기간 학교 가는 일만 빼곤 오직 자신의 방에서만 지내야하는 겁니다. 집 밖으로 나갈 수도 없고 TV도 못 보고 컴퓨터도쓸 수 없습니다. 심지어 휴대폰도 못쓰게 압수하는 경우도 있습니다.

이렇게 **외출 금지령**을 내릴 때 쓰는 표현이 **be grounded**입니다. 땅, 지면을 뜻하는 **ground**를 동사로 쓴 것인데 이 표현은원래 기상악화 등의 이유로 이륙허가를 받지 못한 채 땅gorund에 발이 묶여 꼼짝하지 못할 때 **grounded**라고 하는 데서 비롯되었다고 합니다.

날고 싶지만 짙은 안개 때문에....

The planes are grounded.
비행기들이 이륙을 못하고 발이 묶였습니다.

그런데 체벌이 불법이라고 하지만 우리나라처럼 손바닥으로 엉덩이를 때리는spanking 건 미국에서도 옛날부터 있었고 지금도 아이에게 화난 목소리로 '너 엉덩이 좀 맞아야 정신을 차리겠냐'는 의미로 'You need a good spanking, Mister!'라고 말하기도 합니다.

Spanking is just violence against children, and violence begets violence!

체벌로 아이를 때리는 것은 그저 어린 아이들에 대한 폭력일 뿐, 결국 폭력은 폭력을 낳습니다!

Don't hit your brother again!

다시는 동생 때리지 마! 알았어?

아니, 때리지 말라고 하시면서
때리시는 건····

· · · · ·

Spring is just around the corner

: 봄이 아주 가까이에 와 있어요

본래 **just around the corner**는 직역하면 모퉁이를 돈 곳에, 코너를 돌면 바로라는 뜻입니다. 손만 뻗으면 닿을 수 있을 정도로 아주 가까운 곳에 있다는 의미로 쓰이기도 합니다.

Where is your place?
너희 집 어디야?

Oh! It's just around the corner!
아, 바로 이 근처예요!

The ATM is right around that corner!
현금 인출기는 저 모퉁이만 돌면 있습니다!

just around the corner는 어떤 절기나 특별한 날이 다가오다, 코앞이다, 라는 뜻으로 쓰이기도 합니다. 봄, 여름, 가을, 겨울 같은 계절이나 생일, 설날, 추석, 크리스마스 같은 날이 얼마 남지 않았다는 의미로 쓸 수도 있습니다. 또 간절히 원하는 것이 가까이 있으므로 어려운 상황을 참고 조금만 더 노력하라는 의미로도 쓰입니다.

Better days are just around the corner. They're called Saturday and sunday!
토요일과 일요일이 얼마 남지 않았어요! 힘내세요!

삶의 묘미는 조금만 더 걸어가 코너를 돌면 우리 앞에 어떤 일들이 기다리고 있을지 모른다는 점에 있는지도 모르겠습니다. 중요한 건 포기하지 않고 끝까지 노력하는 사람에게만 원하는 것을 얻을 수 있는 자격이 주어진다는 사실이지요. 우리가 간절히 바라는 것들도 생각보다 가까이 와 있을지도 몰라요. 행복도 그런 것 중 하나가 아닐까요? **Never give up! You never know what is just around the corner!**

절대 포기하지 마세요! 코너를 돌면 무엇이 있을지 알 수 없잖아요!

1. 왼쪽 온도계 번호에 맞는 문장을 보기에서 고르세요.

·boiling   ·cold   ·cool   ·chilly   ·freezing   ·warm

A. It's_____.

B. It's_____.

C. It's_____.

D. It's_____.

E. It's_____.

F. It's_____.

2. 한글에 맞는 표현을 보기에서 찾아 적어 넣으세요.

·draft   ·fine dust   ·grounded   ·small dust   ·wind   ·wind chill

A. There is a strong _____ in my house.

우리 집은 외풍이 심해요.

B. The current temperature is -3, but the _____ is -10.

현재 온도는 영하 3도인데, 체감온도는 영하 10도입니다.

C. Breathing _____ is very harmful for your health.

미세먼지를 마시게 되면 건강에 매우 해롭습니다.

D. I'm _____ for the next three days.

나는 3일 동안 외출금지야.

[정답] 1. A-boiling, B-warm, C-chilly, D-cool, E-cold, F-freezing   2. A-draft, B-wind chill, C-fine dust, D-grounded

3. 왼쪽 문장과 오른쪽 문장을 연결해 문장을 완성하세요.

A. It's pretty cold outside so
you'd better
밖이 꽤 추우니
· · a. the spitting image
of your father.

B. It's hard to keep working
when you're
일을 계속하기가 힘들어요.
· · b. in the biting wind
for 3 hours.

C. When you smile, you're
너는 웃는 모습이
· · c. under the weather.

D. I was standing on the street
저는 길에 서 있었어요.
· · d. bundle up.

4. 다음 빈칸에 알맞은 표현을 보기에서 찾아 문장을 완성하세요.

·around the corner   ·a chip off the old block
·grounded   ·muggy   ·scorching

A. It was a little cloudy and _____ today.
오늘은 약간 흐리고 후덥지근했어요.

B. All planes are _____ because of thick fog.
짙은 안개 때문에 모든 비행기가 이륙을 못 하고 있습니다.

C. He is a _____.
그는 아버지를 빼닮았다

D. Summer is just_____!
여름이 막 다가오고 있습니다!

E. Today was a record-breaking _____ hot day.
오늘은 기록적으로 찌는 듯이 무더운 날이었습니다.

[정답] 3. A-d 밖이 꽤 추우니 두둑하게 입고 가요. B-c 몸이 좋지 않을 때는 일을 계속하기가 힘들어요.
C-a 너는 웃는 모습이 영락없이 네 아버지를 닮았구나 D-b 나는 칼바람을 맞으며 3시간이나 길에 서
있었어요. 4. A-muggy, B-grounded, C-a chip off the old block, D-around the corner,
E-scorching

빵글리시

초판 1쇄 2017년 1월 20일

지은이 에릭 심
펴낸이 전호림
책임편집 신수엽
마케팅 · 홍보 강동균 박태규 김혜원

펴낸곳 매경출판㈜
등 록 2003년 4월 24일(No. 2-3759)
주 소 (04557) 서울시 중구 충무로 2(필동1가) 매일경제 별관 2층 매경출판㈜
홈페이지 www.mkbook.co.kr **페이스북** facebook.com/maekyung1
전 화 02)2000-2640(기획편집) 02)2000-2636(마케팅) 02)2000-2606(구입 문의)
팩 스 02)2000-2609 **이메일** publish@mk.co.kr
인쇄 · 제본 ㈜M-print 031)8071-0961
ISBN 979-11-5542-606-7(03740)